河南省高等学校重点科研项目，项目编号：16A310028

国医大师李振华
年谱

主编　郭　婧

河南科学技术出版社
·郑州·

图书在版编目（CIP）数据

国医大师李振华年谱 / 郭婧主编. —郑州：河南科学技术出版社，2021.1（2023.3重印）

ISBN 978-7-5725-0289-7

Ⅰ.①国… Ⅱ.①郭… Ⅲ.①李振华—年谱 Ⅳ.①K826.2

中国版本图书馆CIP数据核字（2021）第019640号

出版发行：河南科学技术出版社

地址：郑州市郑东新区祥盛街27号　邮编：450016

电话：（0371）65788613　65788629

网址：www.hnstp.cn

策划编辑：高　杨

责任编辑：薛　雪

责任校对：耿宝文

封面设计：薛　莲

责任印制：朱　飞

印　　刷：三河市同力彩印有限公司

经　　销：全国新华书店

开　　本：720 mm×1 020 mm　1/16　印张：8　字数：125千字

版　　次：2023年3月第2次印刷

定　　价：96.00元

编委会名单

顾　问：李郑生　王海军

主　编：郭　婧

副主编：杨清莲　王晓蕊　高　磊　潘万旗

编　者：郭　婧　杨清莲　王晓蕊　高　磊　潘万旗　李具双　张顺超　赵　冰

国医大师李振华

2010 年 12 月 9 日，国医大师李振华在河南中医学院
一附院李振华学术研究室为病人诊病并现场教学

“李振华学术思想及临证经验研究”课题组人员合影

李振华向河南中医药大学图书馆赠书留念

李振华 90 寿辰留影

李振华义诊现场

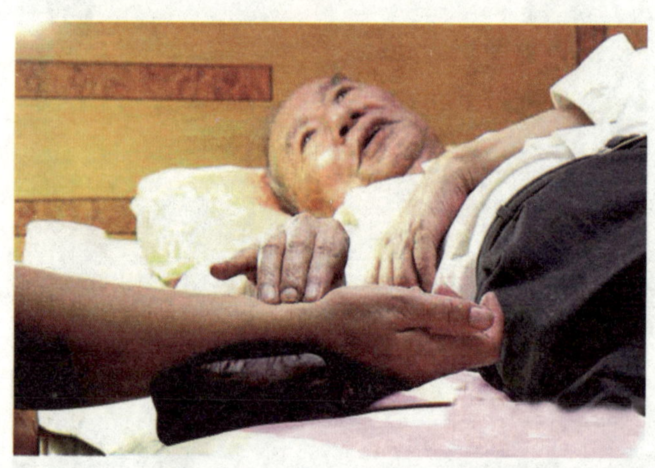

李振华抱病卧床依然坚持为病人诊治

李振华坐诊

李振华在河南中医药大学第一附属医院李振华学术研究室授课

2009 年李振华在家中

李振华获评全国首届国师大师

李振华在河南中医药大学第一附属医院做学术报告

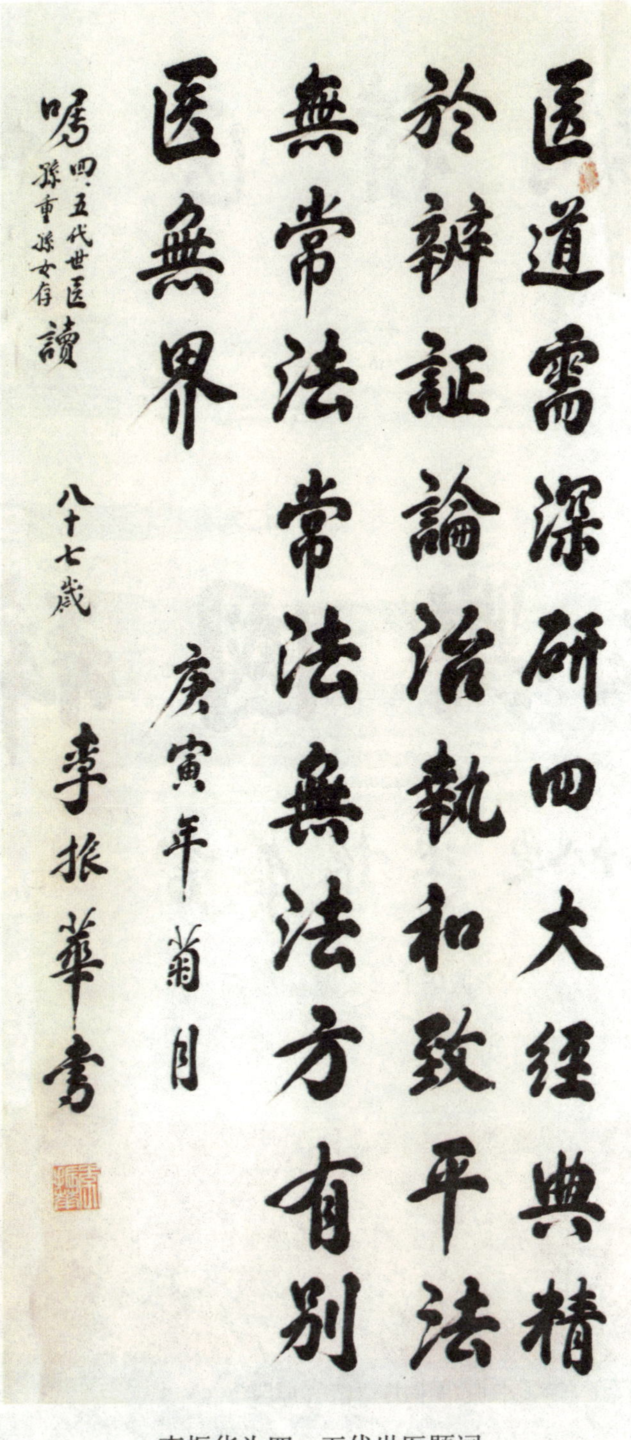

医道需深研四大经典精
於辨証論治執和致平法
無常法常法無法方有别
医無界

庚寅年菊月

嘱四、五代世医孫重孫女存讀

八十七歲

李振華書

李振华为四、五代世医题词

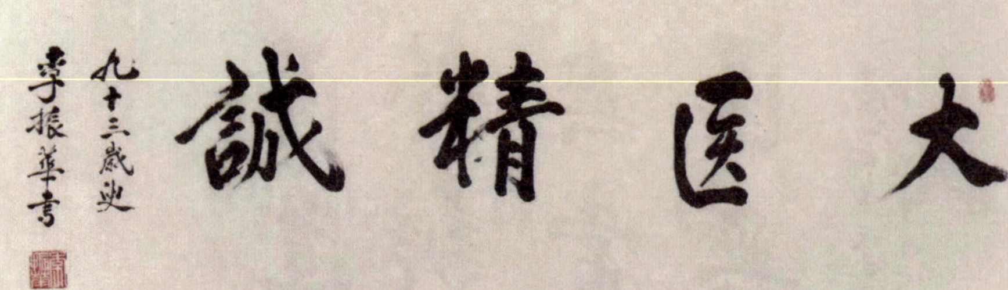

李振华手书“大医精诚”

振興國粹

八十八叟李振華書

李振华手书“振兴国粹”

李振华手书“精气神”

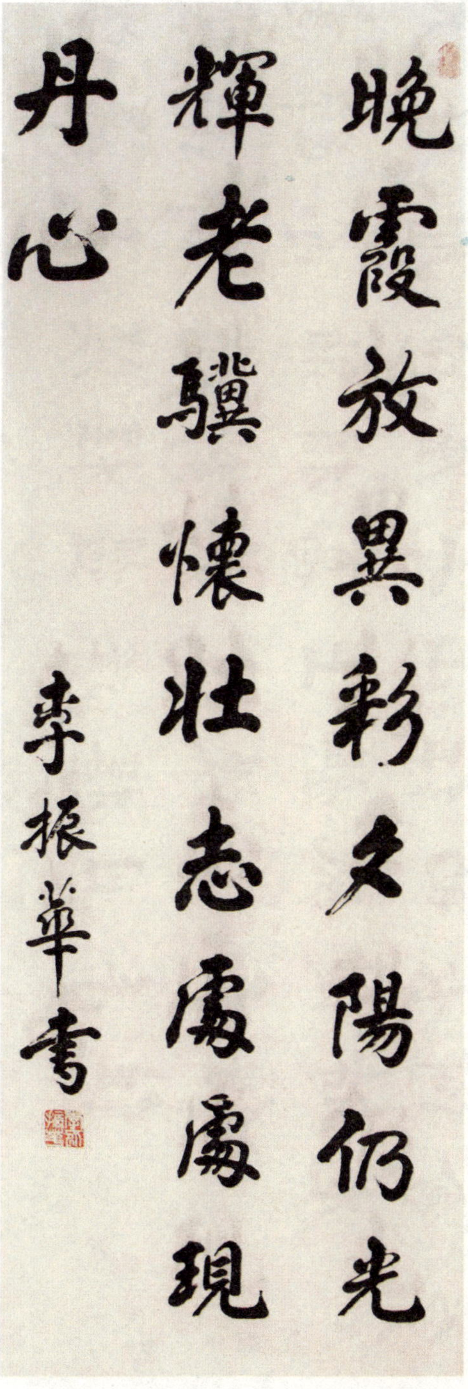
晚霞放異彩夕陽仍光
輝老驥懷壯志處處現
丹心
李振華書

李振华为河南中医药大学题词

天高雲淡望斷南飛雁不到長城非好漢屈指行程二萬天盤山上高峰红旗漫捲西風今日長纓在手何時缚住蒼龙

毛主席詩清平樂

李振華書

李振华书毛主席诗词

序言

李振华教授，原河南中医学院院长，终身教授，第七届全国人大代表，首届国医大师，豫西洛宁人。曾兼任中华中医药学会常务理事、终身理事及河南分会副会长、名誉会长，中国中医理论整理研究委员会副主任委员、卫生部高等医药学校教材编审委员会委员等，是全国首批500名老中医药专家学术经验继承工作指导老师之一。

李老出身于中医世家，毕生热爱中医药事业，数十年如一日，勤奋工作在临床、教学、科研和管理第一线。24岁悬壶乡里，擅治外感热病和内伤杂病；晚年潜心于脾胃学说的研究和脾胃病的治疗，自创脾胃病治疗方剂，成为卓有建树的脾胃病大家。

李老学术造诣深厚，几十年来潜心研究，著书立说，著有《常见病辨证治疗》《中国传统脾胃病学》《中医对流行性脑脊髓膜炎的治疗》等著作数十部，主持研究的“慢性萎缩性胃炎脾虚证的临床及实验研究”“李振华学术思想及临证经验研究”等国家级、省级重点科研项目，屡获河南省科技成果进步奖。1987年、1997年他被收入《世界科技名人录》和《河南科技名人录》。

李老不仅是中医学家，也是出色的中医教育家。他始终把教书育人作为自己义不容辞的职责，无私传授独到的学术经验，积极培育学术继承人。从教50余年，李老积累了丰富的教学经验，他将治学执教的“五字真经”——勤、行、精、博、悟传授给学生，为国家培养了一代又一代的中医人才。

李老从出生于豫西乡村的一个中医世家的普通中医，成长为国医大师绝非偶然。本书以对李老的采访录音为基础，详细梳理记录了李老一生从医、执教、办学、带徒、科研的过程，并以年谱的形式加以整理呈现，不仅对中医后学者会有启迪和帮助，也将对中医药人才的培养和中医药的传承产生良好的作用。

河南中医药大学校长：[signature]

目录

绪论

李振华先生（1924 年 11 月—2017 年 5 月 23 日），字秋实，名振华，男，汉族，河南省洛宁县人，中共党员，河南中医药大学终身教授、主任中医师，原河南中医学院院长，享受国务院特殊津贴的专家，全国首批名老中医，国家人力资源和社会保障部、卫生部（现国家卫生和健康委员会）、国家中医药管理局组织评选的首届“国医大师”；第七届全国人大代表，河南省中医药高级职称评委会副主任委员，《河南中医》杂志主编，中华中医药学会常务理事、终身理事及河南分会副会长、名誉会长，中国中医理论整理研究委员会副主任委员等。

先生一生谦虚好学，他成长进步的历程，担任各项重要职务、为河南中医事业特别是中医药教育事业做出突出贡献的历史，可以说是新中国成立以来河南省中医药事业发展进步的一个侧影。他医术精湛，医德高尚，是河南中医界的光辉楷模。

一、家学渊源和成长之路

1924 年 11 月，李振华出生于洛宁县王范镇的一个中医世家。他自幼聪明好学，15 岁即以优异成绩考入抗战时期由开封迁至洛宁的济汴中学读书。因为从小耳濡目染，对中医产生浓厚的兴趣。其父李景唐（1889—1949 年）为豫西名医，毕业于河南高等学堂，博学多识，熟读中医药典籍，对于中

医医理有较深入的研究,在家乡开“广济堂”坐堂行医。1942年,19岁的李振华为协助父亲救治乡亲、抗击瘟疫,毅然辍学,开始其治病救人的医疗生涯。直到晚年,李振华仍然清晰记得,在他从医伊始,父亲即以“真善为本,济世成德”为准则,对他严格要求,谆谆教诲:“行医首先要立德做人,做一个正直的人,一个有真才实学的人。只有仁善待人,才能济世活人。”这无疑为他走好人生的正道、逐步树立崇高的医德,奠定了坚实的基础。

青年李振华随父学医6年,从中医四大经典学起:《黄帝内经》(以下简称《内经》)以阴阳五行、藏象经络、病机、诊法、治则、养生等篇为重点,掌握中医理论体系;《伤寒论》则重六经,先辨识六经各自主证,后理解各经主方与应用,以及传变、合病、并病、直中,明确其为寒邪伤人阳气的基本病理;《金匮要略》重点是对名言警句的理解和运用;《温病条辨》结合叶天士的《温热论》,理解温病卫气营血传变规律和治法。方剂则以学方的君臣佐使、组成方义为主,药物以学气味、归经和主治用量为主。6年的理论学习,为以后的从医生涯打下了扎实的功底。他经历了侍诊、试诊、试方、独立诊病等几个阶段,1947年,开始独立诊病行医。

1949年,李振华继承父业在“广济堂”坐堂行医。他不仅广泛研读医学典籍,向古人学习,向同行学习,关注医学发展情况。虚心学习、勤奋钻研是他成长为国医大师的重要原因。

1950年秋,河南省有关部门组织全省中医统一考试,李振华在洛宁县名列榜首,省人民政府给他颁发了中医师证和开业执照。

1951年,洛宁县召开各界人民代表大会,李振华作为工

商界和医务界代表参加了此次会议，会上当选为洛宁县工商联合会会长，洛宁县人民代表大会代表、县人大常务委员会委员。

1952年，洛宁县王范镇5家诊所合并组成中医联合诊所，李振华被推举为所长。

1953年，洛宁县人民医院成立，李振华是县人民医院选用的唯一一名中医师。他在医疗实践中很快形成了善于治疗内科杂病，尤善于治疗急性热性传染病的特色，在该县有很高的声誉。

1955年春，李振华调到洛阳地区中医师进修班任教，不久兼任洛阳地区和洛阳市“西学中”班中医教师。其中医教育生涯以此为开端。

李振华深为祖国医学博大精深而自豪，又为近代以来中医遭受误解、贬抑，得不到有效继承和发扬光大而忧虑。他从《人民日报》读到：1954年，石家庄地区用中医药治愈流行性乙型脑炎（简称乙脑）病人，卫生部派来核实的2位西医专家，不相信西医难以医治的疾病中医能够治愈，遂将治愈的病例判为误诊。石家庄市卫生局认为将治愈的病例定性为误诊是因为对中医辨证施治疗法的不了解，又有新发乙脑病例，遂紧急上报。卫生部仍派上次来的2位专家核实，经确诊病人为乙脑；当地中医又将其治愈。在无可置疑的事实面前，中医治疗乙脑的疗效才得到承认。1955年，北京地区也发生了乙脑疫情，运用石家庄的方剂却失效了。这是为什么呢？他们请石家庄的中医参加会诊，这才发现是当时连阴雨，湿度不同的缘故。找到了问题，针对新情况改进药方和疗法，很快将病人治愈，及时地扑灭了疫情。李振华读后感慨良多，在课堂上一再引用这一案例，借以说明“十病九不

同”的道理，强调治病要从病人的病情、身体状况、季节、气候等具体情况出发，善于辨证施治。他广泛收集医疗案例，积极探索中医教学的方式方法，讲课深入浅出，明白易懂，受到学员的欢迎。他在称引石家庄中医治疗乙脑案例之际，已经透过新闻报道的字里行间，用心揣摩了石家庄与北京中医治疗乙脑的医理和方法。

机遇只垂青有准备的头脑。1956 年，洛阳数县暴发流行性脑脊髓膜炎（简称流脑）疫情。洛阳紧急成立专署医疗队赴疫区抢救，李振华成为队员之一。他提出用清热解毒、熄风透窍法治疗，方用银翘散和白虎汤加减，并另服安宫牛黄丸。他用此疗法连续治愈多位病人。伊川县卫生科立即召开防疫座谈会，在全县推行这一疗法，取得很好的效果。这年春节后，流脑疫情又在宜阳、三门峡、偃师、卢氏等地发生。李振华又被紧急派赴救治，先后治愈近百例病人，将疫情扑灭在初发期。河南省卫生厅和省防疫站当年在洛阳召开现场会，让李振华在会上介绍治疗方法和经验，并在全省大力推广。在当时医疗设施十分简陋、对症的西药极为贫乏的条件下，此中医疗法对及时消灭这一流行快、死亡率高的疫病，发挥了无可替代的重要作用。因此，李振华济世活人的功德，绝不仅限于他直接救治的 100 多位病人的生命。

1958 年 1 月，李振华光荣地加入了中国共产党。从此，他成为中国无产阶级先锋队的一员，牢固树立起为共产主义奋斗终身的崇高理想，努力发挥党员先锋模范作用，立志做个全心全意为人民服务的好医生。这一年，其第一部专著《中医对流行性脑脊髓膜炎的治疗》由河南人民出版社出版发行，他的治疗方法和经验得以在省内外的更大区域推广。

1958 年春，李振华被选拔到河南省卫生厅中医处工作，

得以在更大范围内发挥其专长。其间，他兢兢业业地工作，取得了显著业绩。这可举其三次下乡的事迹为例。

1958年初，李振华第一次下乡，他到舞阳县参加炼钢铁劳动。那时，山上的矿石全靠肩挑背扛运到山下，再用大锤砸碎。由于缺乏基本训练，不少人闪腰岔气，难以站立。工地上缺医少药更无诊所，难以医治。李振华运用针灸治疗，针到病除。当时，工地上还出现一种眼结膜炎，俗称红眼病。李振华仍用针灸，又是针到病除。公社领导专门腾出一个房间作为临时诊所，供其为附近工地上的病人治病。他尽自己所能，热情地治病疗伤，治愈了众多病人，深受民工爱戴。

1959年，李振华第二次下乡，他到了信阳潢川县，发现当地医生治疗浮肿病时让病人服的是呋塞米，病人因大量排尿导致昏迷，甚至死亡。李振华立即叫停这种疗法，让病人改服补气健脾的中药，使之逐步增强机体功能和排泄能力，浮肿慢慢消退而痊愈。采用这种疗法，很快控制了疾病的发展和病人的死亡率。河南省卫生厅迅速在全省推广，挽救了许多浮肿病人的生命。

1960年，李振华第三次下乡，去了解豫东兰考、民权等县的饥荒灾情。他发现许多人患一种干瘦病，病人干瘦如柴，说话无力，走着走着就会因低血糖而昏倒，若不及时救治就会死亡；救治醒来给予饮食，但因为餐后腹胃胀满不能消化，仍然会出现昏迷甚至死亡。他根据自己的诊断，认为此病属脾胃阳虚，消化功能极弱，要先让病人少量进流质食物，每日多餐，同时服用附子理中汤，使脾胃功能有所恢复再增加食量。改用此疗法救治后，再也没有发生病人死亡现象。河南省卫生厅又发文件，在全省灾区推行，挽救了许多干瘦病人。

1961年3月，李振华被调到新成立的河南中医学院工作，

学院任命他为学院中医内科教研室主任兼附属医院医教部主任。从此以后，他积极探索中医高等人才培养的有效途径和方法，为河南省的中医高等教育乃至整个中医事业殚精竭虑，做出了日益突出的贡献。1965 年，他被任命为河南中医学院附属医院副院长。

1970 年夏秋之间，河南省禹县暴发乙脑，当时李振华正在禹县，县里组成以先生为主的治疗小组全力救治。先生用“凉血解毒，熄风透窍”法治之，处方为清瘟败毒饮加减，另服安宫牛黄丸。3 个多月时间，他的医疗小组共治疗 132 位乙脑病人，治愈率高达 92.7%。对 25 位出现偏瘫、单瘫、耳聋、头疼等后遗症的病人，他又以“养阴清余热、通经活络法”配合针灸将他们全部治愈。事后，河南省卫生厅与河南中医学院在禹县为李振华治疗小组召开了表彰大会。

二、在河南中医学院的办学业绩

中医教育办现代大学，是前无古人的事业。追溯几千年中国医学教育史，历代中医传承多是以师傅带徒弟，更多的是在家族内部一代一代传下来的。如何办好中医高等教育？没有成熟的经验，需要有心人坚持不懈的探索。

李振华于 1973 年担任河南中医学院中医系副主任；1981 年担任河南中医学院副院长，主抓教学；1983—1987 年任河南中医学院院长。特别是在担任中医学院院长以后，他深感责任重大。河南中医学院建院比北京、江苏、上海等省市的中医学院晚，底子薄。究竟怎样在前几任院长开创的基础上使学院发展壮大，是他反复思虑的问题。他从当时的历史条件出发，排除各种困难，与学院领导班子一道开拓进取，着重抓了事关学院发展的以下几件大事。

1. 迁建新校址 经考察，学校选择了郑州市金水大道东段北侧的200亩地，利用划拨的专款990万元，建成了位于金水路的河南中医学院新址。

2. 扩大教师队伍 河南中医学院的专任教师由1983年的200余名，增加到1987年的400多名，4年间翻了一番，基本满足了教学的需要。

3. 突出中医办学特色，积极贯彻党的教育方针 为了在教学中突出中医特色，他强调课程安排顺序务必先中医、后西医，强化中医经典著作的学习掌握，加强中医临床实践，以培养合格的中医人才。

4. 大力提高教学质量和教学水平 要求中医教师必须参与临床，总结临床经验，搞科研、写文章，不断充实和更新教学内容，不断增添现代教学设备，以适应教学需要。举行各专业主课的观摩教学，开展师生评教、评学活动，指导学生早临床、多临床，以增强学生的动手能力。

5. 加强学生实习基地建设 扩建中医学院第一附属医院（简称一附院），新建第二附属医院（简称二附院）、第三附属医院（简称三附院），又协商郑州、开封、许昌、洛阳、巩义等十多个地市中医院，使之成为河南中医学院教学实习基地。

6. 加强教材建设 1982年，先生担任了卫生部高等医学院校教材编审委员会委员，参加编写全国高等医药院校第5版《中医内科学》教材和教学参考书。1986年，他又任中南五省协编的8种中医教材的副主编，为中医教材质量的提高，做出了重要贡献。

7. 扩大学校招生专业 先生根据中医学发展的需要，在原有中医学、中药学专业的基础上，又增添了针灸学、中医

骨伤学 2 个专业。新专业的设置，为传承和发扬光大祖国传统医学奠定了基础，为中医药的发展创造了更为有利的条件。

8. **多措并举培养充实中医药人才队伍** 招收中医主治医师以上人员高中毕业的子女学习中医，在院本部举办高中毕业生自费学中医、中药、针灸等培训班。

就这样，先生积极建言献策，经上级批准以后就大力推进落实，通过以上措施，在一定程度上缓解了河南中医药后继乏人的局面。

这些措施使河南中医学院在教学、科研、人才培养、医疗水平、生源结构、校园建设等方面快速发展，赢得了社会各界和其他中医药院校的认可。

三、中医学研究与带徒成就

1987 年，64 岁的李振华从河南中医学院院长职位退休。此后，他主要在 3 个方面继续努力：一是继续坐诊治病，尽医生之天职；二是尽量多带徒，传承医术和临床经验；三是尽力搞科研，整理治病救人经验，上升为理论文章和专著。

年过古稀以后，他仍然坚持每周3个上午坐诊，接诊大量病人。为方便病人就诊，他从不收医院为其定的高额挂号费；有病人找到家中，他同样热情诊治。2005年6月，82岁高龄的他带领从医的子女和高徒一行十余人，自费回家乡洛宁县为群众义诊。他对病人一视同仁，悉心诊治，是有口皆碑的。

他的医疗实践、中医教育与科研探索紧密结合，互相促进，相得益彰。其研究成果厚积薄发，取得一系列重要成果。1977 年，他总结治疗乙脑的经验，写出论文《乙型脑炎临床治疗研究》，该课题获得河南省重大科技成果奖。1982 年，他受李东垣《脾胃论》中内伤脾胃，百病由生；善治病者，唯在调理脾胃等理论的启发，着重对慢性脾胃病展开研究。他主持申报并完成的省重点科研项目“脾胃气虚的本质研究”，获河南省科技进步三等奖。“慢性萎缩性胃炎脾虚证”这一常见病，乃世界性难题，他迎难而上，申报并完成国家“七五”科技重点攻关项目“慢性萎缩性胃炎脾虚证的临床及实验研究”。1998年，其论文《浅谈对脾胃病的认识和治疗》发表后，被31家专业刊物竞相转载，产生了巨大影响。该项目成果获得河南省科技进步二等奖、河南省教委科技成果一等奖。

对于慢性萎缩性胃炎，先生用自制配方“香砂温中汤”和“沙参养胃汤”辨证施治，5年间治疗住院病人300位，经卫生部验收鉴定：“有效率达98.7%，治愈率32%，达到国内外先进水平。”此后十多年，他又通过对千余病例的治疗和随访观察，创造了无一个病例转为胃癌的奇迹；用大量无可置疑的事实，突破了国际医学界认为该病是“癌前病变”和“胃黏膜不可逆转修复”的成见。

1991年，他被国家人力资源部、卫生部、中医药管理局评为全国首批老中医药专家、学术经验继承工作指导老师。高锡朋、李郑生2位主治医师为其学术继承人。3年后，他们经国家中医药管理局考核出师，成为名医。他愿意将医术毫无保留地传于有志于岐黄事业之人。他常言：“择师不易，得徒更难。”1993年，他被评为国家有突出贡献的专家，享受国务院政府特殊津贴。2004年，河南省中医管理局选定王海军、周军丽等5人为其徒弟，师徒双方签了拜师协议、举行了收徒仪式，5人经常在李家上课，还定时随师门诊。经过先生数年培养，此5人皆成为中医名家。同年12月，他应邀出席在广东省中医院召开的拜师会，收华荣、罗湛宾2人为徒，给予指导、传授知识。2004年12月，他承担了国家“十五”科技攻关计划项目——“名老中医学术思想经验传承研究”，课题组成员郭淑云、李郑生、王海军、杨国红、徐江雁等7人为传承人。经过2年的传承研究，圆满完成了国家的传承计划。课题组整理出回顾和前瞻性医案200份，重点病案30份，撰写李振华学术思想、成才之路、读书心要、辩证思维等研究报告5篇，在省级以上报刊发表文章70余篇，出版了《中国现代百名中医临床家丛书——李振华》（国家“十一五”重点图书）、《李振华医案医论集》等书。该项目成果2006年获得河南省中医管理局科技成果一等奖，2008年获得中华中医药学会首届传承特别贡献奖，并获得河南省科技进步二等奖。2008年，河南中医学院一附院、二附院又确定了李合国、刘轲、李沛等6名硕士或硕士以上研究生为其徒弟。

先生共招收过麻仲学、郭淑云、刘双根、江志刚、郭光业、李建生、宋跃成、李海松、刘爱华、谢海青共10位硕士研究生；跟师弟子有李郑生、高锡朋、王海军、张化彪、华荣、罗湛宾、杨国红、周军丽、李沛、郭会卿、李合国、刘轲、刘向哲、欧阳卫权、张正杰、郭文等。先生对他们均给予了认真的传授指导，而这些弟子大都已经成长为一方名医。

2009年5月，李振华和全国29位著名老中医一同被国家人力资源和社会保障部、卫生部、中医药管理局评为首届国医大师。李振华的当选，无疑是河南省的荣耀，是全省中医界的光荣。河南省委省政府领导登门祝贺，并赠“医林楷模”牌匾；河南省卫生厅、河南中医学院召开表彰大会，成立了“李振华学术思想研究所”。河南中医学院奖给李振华10万元，他随即将10万元用于捐助生活困难的学生。

80岁以后，他老骥伏枥，志在千里，仍然十分关心河南中医事业的发展，保持学而不厌、诲人不倦的精神。他撰写和发表了《我国中西医学的科学内涵和发展》《中华文化是中医学之本》《但愿世人寿而康——漫谈中医学养生之道》

等文章。他密切关注“非典”、“禽流感”、甲型H1N1流感等急性传染病的防治，并向有关部门提出书面防治意见，如“创建河南省中医传染病医院”等建议。其济世情怀跃然纸上，老而弥坚。

年过九旬，虽然身体状况与精力日渐滑坡，但他仍然不断地为人诊疗、开方治病，面对络绎不绝慕名找到他家里的病人，甚至找到他住院的病房里的病人，只要自己身体状况许可，他都尽可能地为他们诊疗，从不忍心让别人失望而返。他真正做到了只要一息尚存，就治病救人不止！

2017年5月23日，先生垂下那为人把脉治病的手臂，永远闭上了他那慈祥的双眼，享年94岁。

四、卓具见地的中医教育思想

作为河南中医药大学终身教授，李振华长期讲授中医内科学与古代中医学经典等多门课程，是新中国最早投身于中医教育事业的人之一，是中华传统医学高等教育事业的不懈探索者。他从教五十余年，积累了丰富的中医教育教学经验，是立足中原、享誉全国的著名中医教育家。

1955年，他就担任洛阳地区中医师进修班教师，主讲《内经知要》《金匮要略》；后来又为洛阳地区的西医学中医班讲授《伤寒论》等。他讲课深受学员欢迎，因为教学成绩突出，被国家卫生部评为当时河南省唯一的中医甲等模范教师。

他1961年调到河南中医学院，任内科教研室主任等行政职务的同时，就开始主讲中医内科学课程。担任院长后，仍然坚持授课，并且多次承担观摩课教学。凡要求教师做到的，他自己首先做到。基于几十年的实践经验与理论思考，

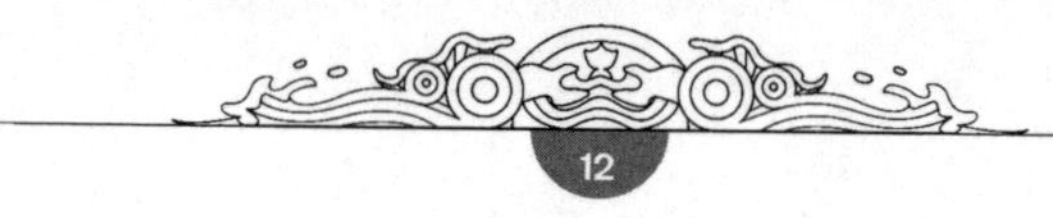

他认为培养中医人才，发扬光大传统医学，根本在教育。培育高级中医药专门人才，直接关系到人民生命健康，责任重大。他特别重视以下几点：强调学生学医先学做人，注重课堂教学理论联系实际，善于运用唯物辩证法的观点阐述中医理论，严格规范临床带教，不断改进教学方法，重视教学与科研相结合，提出并坚持中医教育的基本要点。李振华这些思想观点，教育和影响了一代又一代的中医学院学生；对中医高等教育事业的发展，对祖国医学优良传统的发扬光大，已经产生过重要作用，并将产生长远的影响和裨益。

李振华先后发表论文70余篇，参与编著《中医对流行性脑脊髓膜炎的治疗》《常见病辨证治疗》《国医大师临床经验实录·国医大师李振华》《李振华学术思想与临证经验集》《中华中医昆仑·李振华卷》《李振华医案医论集》《中国百年百名中医临床家丛书·国医大师卷：李振华》《走近国医大师李振华》等，主编《中国传统脾胃病学》《中医脾胃病学》（第2版），合编《中医证候鉴别诊断学》、全国高等医药院校教材《中医内科学》（第5版）、《中医内科学》教学参考书等12部。

他的精湛医术、高尚医德、成长经历，也将对后来者产生重要的启迪、激励和引领作用。正是在这个意义上，编写出一部《国医大师李振华年谱》，是河南中医事业特别是中医教育事业发展的需要，同时也是社会各方面读者的需要。因此，虽然我们课题组同仁缺乏经验，还是不揣浅陋，尝试着来做此项工作，聆听先生对往事的回忆口述，并记录下来，同时留心搜集整理有关资料。现将经过屡次整理的资料按年度编排如次。

第一章

中医世家　步入医林（1924—1946 年）

1924 年，诞生

11 月　他出生于河南省洛宁县王范镇一个中医世家，是年，其父亲景唐公35岁，母亲王太夫人33岁，当时家中除父母外，还有姐姐李文，哥哥李振汉。

景唐公生于 1889 年，毕业于当时的省会开封的河南高等学堂，有着深厚的古文功底。河南高等学堂招生十分严格，面向河南全省，每年每县只有一个指标，合格即录取，不合格宁缺毋滥。高等学堂学习条件优越，学生一切用度由学校提供，每生每年还有 50 两银子的助学金。景唐公以优异成绩从高等学堂毕业后，因其父有病而选择了回乡照顾病中的父亲，并开始自学中医。俗话说："秀才学医，笼中抓鸡。"深厚的古文功底为景唐公学医打下了坚实的基础，他仔细研读中医的四大经典，并虚心向有一技之长的同行学习。例如，太夫人王氏有一年得了梅核气病（慢性咽炎），喉咙干，吞咽有异物感，当时没有仪器检查，担心是食管癌的前期。景唐公对治疗该病没有经验，开药无效。他得知离家 5000 米远的西王村孙之道医生擅治此病，但是当时医生较为保守，不外传药方，于是就携重礼找到孙医生，想方设法拿到了治梅核气病的方子，治好了太夫人的病。此方后来被先生公之于世，造福于民，为无数病人解除了病痛。景唐公学医就是这样，自学为主，博采众方，进而成为擅治伤寒、温病，兼治内科杂病的豫西名医。

1930 年，7 岁

是年　他进私塾读书，因天资聪颖、好学上进，老师阴茂功特为先生起

名李振华，以此鼓励他为振兴中华而努力学习。先生果不负老师重望，尊师爱友、勤学好问、刻苦钻研，为日后为我国的中医事业做出卓越的贡献奠定了必要的文化基础。

1933 年，10 岁

是年 阴茂功老师因年纪大身体不好，停办私塾，在跟着阴老师学了 3 年之后，李振华只好离开这里，转到另一个私塾继续学习。前后 7 年的私塾学习均以语文为主，主要学了《千字文》《百家姓》《古文观止》以及“四书五经”的部分内容。这 7 年的学习，使他具备了初步阅读古文的能力，为他以后阅读古代医学典籍和学习中医打下了基础。

1936 年，13 岁

是年 洛宁县和顺成老板韩万和患了伤寒病，一连高热十几天，看了几个医生吃了不少中药，均不见好转。韩老板很想让景唐公诊治，但因两家曾为宅基地而产生过纠纷，韩老板不好意思找景唐公诊治，于是找到李振华的启蒙老师阴茂功转述求诊之意。景唐公胸怀宽广，一听说人病了，当即与阴老师一起登门为其诊治，3 剂药治好了他的病。韩老板十分感激，病好后，领着他的儿子带着 100 块大洋和一顶呢子礼帽上门磕头拜谢，诚心诚意请求景唐公收下他带来的礼物。但家境不太宽裕的景唐公，却坚守自己的做人原则，认为治病救人是医生的天职，拒收一切礼物。在韩万和的再三请求下，景唐公只留下了一顶礼帽，其余如数退回，坚决不收。如此不计前嫌、不爱财、一心只为病人着想的高尚道德情操，深深地震撼了李振华的心灵，他在为父亲救人于危难的高明医术感到自豪和骄傲的同时，学习中医、治病救人的理想也悄悄地在脑子里扎下了根。

1937 年，14 岁

是年 景唐公为了扩大诊所的业务，把诊所从离县城二三千米的王范镇，搬到了县城。由于对中医产生了浓厚的兴趣，李振华课余时间都在诊所度过，一边观察父亲看病一边学习。景唐公看到此子聪明颖悟、勤勉好学，对中医又有浓厚的兴趣，便常在闲暇之时给他讲一些中医基础知识。这个时候，李振华不仅认识了常用的中药，还学会了泡药、抓药，成了父亲得力的助手。

1938 年，15 岁

是年 日军占领开封。开封沦陷后，开封济汴中学迁至洛宁，李振华以优异成绩考入该中学就读初中。

同年 洛宁县的济汴中学、洛宁县中学、洛浦中学等学校联合举行作文竞赛。由于少年李振华关心时事，注意阅读报刊新闻，有强烈的爱国心及很强的语文表达能力，在此次有数千人参加的作文竞赛活动中，获得第四名的好成绩。

1940 年，17 岁

是年 初中毕业，他继续在济汴中学就读高中，文化科学知识和思想认识水平得以持续增长和提高。

1941 年，18 岁

是年 豫西大旱，颗粒无收，洛宁地处半山区，旱灾尤重。青年李振华的家庭与生活也受到严重影响，但是景唐公经常为穷人家减免医药费，甚至赠药并无偿治疗。李振华在协助父亲抓药治病之际，也深受其父博大爱心的影响。

1942年，19岁

是年 李振华禀父母之命结婚，新娘与先生同岁。

同年 李振华为协助父亲救治乡亲，抗击瘟疫，毅然辍学从医，开始随父侍诊。自从他到县城读书以后，景唐公零零星星已给他讲了不少有关中医的知识。他辍学从医以后，又在医德医风、医学典籍、临床实践等方面得到景唐公言传身教，遂较快成为有德有用的医生。

景唐公首先从思想教育入手，以“真善为本，济世成德”的准则严格要求、谆谆教诲爱子：“行医首先要立德做人，做一个正直的人，一个有真才实学的人。只有仁善待人，才能济世活人。”其次强调生命的重要性：“生命对于人只有一次，医生是司命者，对重病病人来说，治之得法则生，不得法则死。医生孙思邈的《千金要方》为什么叫‘千金’呢？书上说：‘人命至重有贵千金’，以人命重于千金为比喻，道出了生命无与伦比的宝贵。《内经》上也说‘天覆地载，万物悉备，莫贵于人’。这些典籍中都强调了人的重要。所以，张仲景在《伤寒论》自序中说，学医‘上以疗君亲之疾，下以救贫贱之厄，中以保身长全’。就是说作为医生不仅要给有权势有钱的人看病，贫苦百姓生病了没钱也要尽力救治。”景唐公的一席话为青年李振华树立崇高医德指明了努力方向。

端正了儿子的思想方向，景唐公继续循循善诱，启发爱子立志做一个优秀的医生。他们父子之间发生过一次有趣的对话。

景唐公考验爱子道：“《内经》上将医生分为四类：上工、中工、下工、粗工。上工就是治未病之病，防患于未然；中工就是防微杜渐，早点用药，不让小病发展成大病，治欲病之病；下工就是治已病，有啥病用啥药；粗工就是不懂医理和药理，不问虚实寒热，头疼医头，脚疼医脚。你愿做哪种医生呢？”

青年李振华脱口而出：“我当然愿做第一种医生！”

景唐公满意地说：“要当第一种医生，首先要做第三种医生，得先认症，

有了临床经验，你才能治欲病之病，才能治未病之病，这第三种是基础。”

景唐公继续启发道：“从技术上来说，医生有三种。第一种医生是有理论、有临床经验，能够在实践中体会理论，在理论指导下诊治疾病；第二种医生是只有书本理论知识，但缺乏临床经验，不会治病；第三种医生只是掌握了一些民间验方，至于药理、病理、病理机制等一概不知，碰巧了也能用单验方治好一些病。这三种医生你想当哪一种呀？”

李振华坚定地回答说：“我要做第一种医生。”

景唐公满意地笑道：“对！就应该往这方面努力，做第一种医生。”

景唐公的一席话为初踏上学医之路的青年李振华指明了努力的方向：怎样做人，做什么样的医生。

景唐公不仅教育爱子要具备优良的医德医风，更注重培养他的医术。景唐公深知要学好中医，首先要学理论，就像流水一样，“欲流之远者，必浚其泉源”。学中医也是这样，没有理论就像无源之水，流不远；像无根之木，难以长成参天大树。没有理论基础，是难以学好中医的。所不同的是，其他人学理论都是先囫囵吞枣地背诵，然后在实践中慢慢领会。景唐公却不是这样，不仅给爱子指定了必读的《内经》《伤寒论》等中医经典，还画出了重点内容让他学习；不仅得空就给他讲解，而且是结合实际，边诊断边讲解，使其学习取得了事半功倍的效果。景唐公对爱子的医术指导概括起来有如下几方面。

首先，熟读经典，尤其是《内经》《伤寒论》，重要章节还应熟记。景唐公利用闲暇时间给先生详细讲解了《内经》关于阴阳五行、藏象、治则等相关条文的含义。景唐公说：“《素问·阴阳应象大论》篇首明言：‘阴阳者，天地之道也，万物之纲纪，变化之父母，生杀之本始，神明之府也，治病必求于本。’对阴阳的重要性做了准确而完整的论述，只有把握住阴阳的属性、相互关系及阴阳失调的表现与危害，才能真正掌握疾病的本质。正如《内经》所写，‘阴平阳秘，精神乃治。阴阳离决，精气乃绝’，就是说阴或阳哪一方偏盛都属不正常，需调理治疗，以达阴阳平衡。一旦阴阳隔断，生命休矣。

所以治病不明阴阳，动手便错。”

明白了阴阳的相关知识，还应掌握藏象的内涵。《内经》中所谓藏象，是指人体内在脏腑功能与表现在外的征象或其对应性的体现、描述。中医就是用这种“观外知内”的方法，经过几千年的观察、分析、判断、总结，以确定脏腑的生理功能，或机体各种疾病反映的征象。即根据病人的表象，通过望闻问切来分析、判断、确定疾病的部位、形质、体内外相互关系等，作为拟制方药的依据。通过这期间的学习，先生对中医的“阴阳为纲”这样的经验术语有了更深切的认识，也为他在中医道路上的发展奠定了思想和理论基础。

景唐公还列举《素问·灵兰秘典论》曰：“‘心者，君主之官也，神明出焉’‘主明则下安’‘主不明则十二官危’，形象地说明了心在五脏中的重要性。又如：‘肺者，相傅之官，治节出焉。肝者，将军之官，谋虑出焉。胆者，中正之官，决断出焉。膻中者，臣使之官，喜乐出焉。脾胃者，仓廪之官，五味出焉。大肠者，传导之官，变化出焉。小肠者，受盛之官，化物出焉。肾者，作强之官，伎巧出焉。三焦者，决渎之官，水道出焉。膀胱者，州都之官，津液藏焉，气化则能出矣。’可见，古人以如此生动形象的描述，呈现出了五脏六腑生理功能的实质。因此，只有准确把握阴阳与藏象的含义，才能抓住人体器质与功能协调发展和疾病发展演变的实质。”

在景唐公的指导下，青年李振华熟读《内经》，以至简之理指导临床诊疗，发挥了“四两拨千斤”的作用，为以后进一步学习中医奠定了思想和理论基础。

其次，对于方剂药物知识传授学习，景唐公也有区别于明清以来以背诵歌诀韵赋为形式的学习方法。他认为反复背诵容易陷入死记硬背的泥潭，不能灵活而完整地掌握方剂和药物的精髓。因此，他常教育爱子不要死记《汤头歌诀》与《药性赋》，而以准确理解药物自身功效、属性归经及方剂主治与君臣佐使之理为学习要法，目的在于牢固记忆、深刻理解、有效运用。青年李振华时刻铭记景唐公教诲，学习勤奋灵动，不落窠臼，颇为得法。因此，他虽常年不背《汤头歌诀》与《药性赋》，但在处方用药之时，仍然得心应手，

药到病除，可谓深得景唐公学医之要领。

再次，就是对于病机的学习。景唐公推崇《素问·至真要大论》所论“病机十九条”，认为它是中医诊断和治疗疾病的基本准则。“诸风掉眩，皆属于肝。诸寒收引，皆属于肾。诸气膹郁，皆属于肺。诸湿肿满，皆属于脾。诸热瞀瘛，皆属于火。诸痛痒疮，皆属于心。诸厥固泄，皆属于下。诸痿喘呕，皆属于上。诸禁鼓栗，如丧神守，皆属于火。诸痉项强，皆属于湿。诸逆冲上，皆属于火。诸胀腹大，皆属于热。诸躁狂越，皆属于火。诸暴强直，皆属于风。诸病有声，鼓之如鼓，皆属于热。诸病胕肿，疼酸惊骇，皆属于火。诸转反戾，水液混浊，皆属于热。诸病水液，澄澈清冷，皆属于寒。诸呕吐酸，暴注下迫，皆属于热。”将症状与致病邪气紧密相连，这种关联性实现了对病机的高度总结与精确概括，是学医过程中需要掌握也是必须掌握的内容。尤其对于把握病机，更提出了“谨守病机，各司其属，有者求之，无者求之，盛者责之，虚者责之”的科学方法，这是学医者临床分析、判断病机，达到掌握辨证论治的重要方法。

病机有四个作用，“谨守病机”是重点，“谨”就是要非常严肃认真地掌握病的机制，医者掌握不住病的机制也就治不好病。西医掌握病的机制是靠仪器，说你是慢性胃炎，这就是它的机制；中医说你是肝胃不和，就是你的机制。这个机制从哪儿来呢？各司其属，这个病是属表还是属里，是属寒还是属热，这是第二个作用。第三个作用：“疏其血气，令其条达，而致和平。”人得了病，就是气血不和。如果一个人的气血通畅，血液正常，功能正常，那他将能活过一百岁。人如果病死得早，都是气血瘀滞功能失调，这个矛盾难以解决。气血瘀滞，才产生炎症。西医说的各种炎症，都是只看到了人体局部的不正常。西医所谓红、肿、热、痛、功能障碍等五种表症，都叫炎症，其实这些现象都是中医说的气血瘀滞的表现。可西医对付这些，都只是用一种消炎药，它不知气滞可以血瘀，气虚可以血瘀，寒凝可以血瘀，热凝也可以血瘀，痰湿阻滞也可以血瘀。这就是为何西医讲的炎症需输液，越输越重，而中医给病人服了热性药病却好了的缘故。最后，“疏其血气，令其条达，而致和平”，这是中医治病的重要方法，也是中医制方的原则，切不可忽视。

青年李振华正是掌握了这种学习方法和要点内容，所以初出茅庐就在1950年参加洛宁县的中医考试中名列榜首。这和其父景唐公的教导有方是分不开的。

对于“病机十九条”，景唐公讲，学习病机十九条，初学者要从临床常见病由浅入深，也就是从常见病开始，并要联系表里、脏腑，逐步贯通。临床常讲的“诸湿肿满，皆属于脾”，首先要懂“脾主运化水谷之精微”，脾失健运，水湿不化，即可导致内在或体表的肿满之症。如“湿盛则濡泻”，湿盛可引起四肢或腹部肿满；脾失健运，可致胃部胀满、疼痛；外感风湿，可引起各关节之痹证，上则头部积水，下则妇女白带过多。一句话，凡是人体各部水湿多，甚至肿满，都要注意从健脾利水治疗着手，就是鼻涕多、痰多也要健脾。当然，鼻涕也分寒热，鼻涕清白即为寒，黄稠即为热，如仅知利水而忽视健脾，即是治标不治本，达不到根治。比如西医一遇肿胀即进行利尿排泄，虽然当时消肿了，一停药又恢复如初，这就是治标不治本的典型例子。再者，脾通四脏，健脾还要和其他脏器联系而整体分析。如肝郁可致脾虚，需疏肝理脾；肺气过虚，子盗母气，需补肺健脾；命门火衰，或心阳衰弱，火不生土，需要温补肾阳或心阳，合而治脾等。同时，治水湿还要分析其寒化或热化。如寒化，当以温药治之，如仲景之五苓散中有桂枝，理中汤中有干姜，附子理中汤中有附子、干姜等；如热化，即关节炎局部发热、痰变黄色、舌苔黄腻、尿发黄等，当用苦寒燥湿，如仲景之茵陈蒿汤、时方之八正散等。再如临床常讲的“诸风掉眩，皆属于肝”，人的头晕、目眩、眼发黑皆属于肝，首先要知肝为刚脏、阳脏，易生肝火上炎而致掉眩。治火要先分实火、虚火，甚则火盛生风。病理不同，治法有异，因而有凉肝、清肝、镇肝、熄风、滋阴平肝等。肝为五脏之贼，很多病跟肝都有关系，肝脏也可由他脏彼此失调而掉眩，如肝本藏血虚而掉眩，需用补血养肝法；肝郁气滞，肝木克脾生湿，湿痰随肝气上逆而致掉眩，需疏肝理脾、化痰热法；肝火日久，子盗母气，水不涵木，而致掉眩，需用滋水养肝法；肝火引动心火而致心烦、失眠、掉眩，需用清心肝之火、凉肝安神法；肝火上逆于肺，肺失肃降而咳嗽、

掉眩，需用疏肝理气、清热止咳法。总之，学病机要知常达变，必须以灵活、恒动的思想观点，方可学得。景唐公这些教导，不仅引导爱子建立了学中医的思维方法，也为其临床全面分析病机，达到辨证论治，在理论上打下了基础。

1943 年，20 岁

是年 李振华在洛宁县磨头镇中心学校教书。

同年 太夫人王氏去世，享年 52 岁。时值日军侵入河南不久，到处烧杀抢掠，无恶不作，洛宁群众经常上山躲避日军。某日，日军又到洛宁乡下抢掠，太夫人当时患了传染病不能上山，为使家人免遭不测，太夫人强把他们都赶上了山。等李家一家人在山上躲过日本兵的洗劫回到家时，太夫人已经离世。看到这种惨状，更激起了青年李振华学好中医、振兴中华的决心。他开始在其父景唐公指导下，由侍诊进入试诊。

某日，一妇女来“广济堂”看病，景唐公为病妇切脉，切后不语，示意爱子切脉。他切脉后说：“我摸这脉，像是‘濡脉’。”“濡脉”脉象浮细而软，极为少见，医生也常常难以准确分辨。青年李振华能诊出此脉，景唐公知其医术到了一定火候，欣慰地说：“孩子，你能摸到这脉，够你一辈子吃喝了。”

数日以后，又有一妇人崩溃失血，出现“芤脉”，青年李振华亦能准确诊出，结合表现说出病理等，景唐公知其确已具备诊病的能力，方才准许其试治。

1945 年，22 岁

是年 李振华开始在景唐公的指导下试方、试治。其所开药方，需景唐公过目调整后，方可让病人服用。一天，有位七十多岁的老人感冒发热，不能起床。李振华诊断为老年风寒感冒，宜用辛温解表法治疗，开了药方。景唐公看后，又让加了 12 克黄芪，李振华不解。景唐公详细地为李振华讲解了增加黄芪的原因：“病人老年气虚，现恶寒发热无汗，黄芪可以补气助正，促使发汗解表退热，如果老年人感冒发热且自汗，属气虚感冒，加黄芪可补

气止汗。所以，黄芪对老年气虚感冒有‘无汗能发，有汗能止’的功效。”

冬　景唐公把诊所从县城迁回了王范镇。

1946 年，23 岁

是年　李振华尊父命开始出诊。每次出诊回来后，他都向景唐公讲述病情，以确认药方开得正确。

第二章

从洛宁到洛阳（1947—1955年）

1947年，24岁

是年 李振华开始独立坐诊。

1948年，25岁

春 长女李兰芬出生。

1949年，26岁

冬 次女李莲芬出生。景唐公逝世。生活·读书·新知三联出版社1991年出版的《洛宁县志》载：李景唐治学严谨，《伤寒论》等原著，无不祥义通理。辨证论治，手到病除。行医急危救厄，不谋名利，活人无数。因其乐善好施，故病危时，探望者络绎不绝。归窆之日，送葬者街塞巷堵。

是年 李振华继承父业在"广济堂"坐堂行医。他不仅广泛研读医学典籍，向古人学习；也随时留心向同行学习，请教高明，转益多师；还在行医过程中，通过病人了解其他医生的治疗方法，或者总结病人的治病验方成为治病方法。他十分关注国内外医学发展情况，通过专业报刊了解医学前沿，甚至通过新闻报道揣摩学习先进经验，以提高自己的医术。虚心学习，善于学习，勤奋钻研，这是他在父亲逝世以后仍然精进不止、成长为国医大师的根本原因。

1950年，27岁

春 河南省举行全省中医统一考试，洛宁县有一百多名中医执业者参加

了此次考试，参试人员年龄也相差很大，既有黑发少年，也有皓首老者。考试结果在县政府门前张榜公布，先生名列榜首，获得了由河南省人民政府颁发的中医师开业执照。

一天，一位 35 岁的女性病人来到诊所，她已经低热三月余，面黄消瘦，食少无力，每天下午体温都在 37.5~38 ℃，多方医治无效，专程来请先生诊治。先生切脉，病人脉象沉弦细，视舌苔白质红，证属肝郁化热、阴虚内热，治用疏肝理气、养阴清热法，方用丹栀逍遥散合青蒿鳖甲汤加减。病人连服 10 剂，热退病愈。其夫非常感激，送锦旗一面，上写“父子名医”。

冬 洛河北岸的王范镇，是豫西的一个商业大镇。这里水陆交通便利，周围十余个县的人逢五逢十都来这里赶集，进行货物贸易。是年冬，洛宁县人民政府首先批准成立了王范镇工商联合会，李振华任会长。

1951 年，28 岁

是年 洛宁县召开各界人民代表大会，李振华作为工商界及医务界代表参加了此次大会，会上当选为洛宁县人民代表大会常务委员会委员。

县人大常委会每月开会一次，县里的一些大事，如土地改革等，都要在这个会上研究决定。正是因为经常参加这种会议，共产党人的大公无私、清正廉洁、一切为人民着想、从群众利益出发的工作作风，给先生留下了深刻的印象。他亲眼看到共产党人镇压恶霸地主的坚决和果断，不讲任何私情。一系列的事实，使先生对共产党有了更全面、更深入的认识，也为先生日后积极要求入党、一生为党和人民的医疗事业而努力工作，树立正确的政治思想奠定了坚实基础。

同年 先生当选为王范镇治安委员会委员。

1952 年，29 岁

秋 其妻因产后肺痨去世。

是年 洛宁县工商联合会成立，先生兼任会长。

洛宁县政府号召成立联合诊所，先生积极响应县政府的号召，联合王范镇的5家个人诊所组成中西医联合诊所，先生被推举为所长。

同年 先生任洛宁县卫生协作委员会副主任。

1953年，30岁

年初 洛宁县卫生院建立，后改名为洛宁县人民医院。

7月 先生被选为县医院唯一的中医师到洛宁县卫生院工作，月薪50元。收入虽然比在联合诊所少了2/3，但先生毫不计较，反而觉得自己离共产党更近一步，为自己能成为革命阵营的一员而感到十分自豪，决心为革命努力工作。为了彻底地加入革命队伍，先生主动撤出了联合诊所。

先生既有一定文化，又积极要求进步，因此被医院领导任命为职工文化学习辅导员和政治学习小组长。当时的政治学习内容，是《政治经济学》《矛盾论》《实践论》《辩证唯物主义与历史唯物主义》等。初次接触这些哲学理论，先生感到十分新鲜有趣，主动认真地进行学习研究。他惊奇地发现，《内经》阴阳、五行，正气存内、邪不可干的内外因关系，辨证施治，虽同病治法却因人而异，阴阳一方偏盛导致的一般病和阴阳交错所致的特殊病等，细究其理与唯物辩证哲学的思维方法极为相似。用唯物辩证法的思维方法，去分析理解中医的阴阳五行、藏象、病机学说和诊治方法，有一种豁然开朗的感觉。随着学习的深入，先生逐步发现辩证唯物主义的思维方法，是打开祖国医学宝库的钥匙，掌握辩证思维的方法是学好中医的重要环节，也为以后在教学工作中悟出的学中医必须“文理通、哲理通，才能医理通”，奠定了认识基础。先生将这一认识贯彻到自己的教学实践中，为学生加速理解中医理论，提高教学质量，起到了重要作用，师生反映很好。

9月 与洛宁县张竹琴女士（1932—）结婚。

是年 先生经常代表医院到县政府汇报，并于会上演讲政治学习情况，每次都受到县级领导的肯定和表扬。

同年 先生任洛宁县中医学会主任。

1954年，31岁

是年　先生被县人民医院评为唯一的“整院优秀分子”，这是先生参加国有事业单位工作后获得的第一个荣誉。

同年　省政府在开封首次召开河南省中医代表会，先生认为这是很有纪念意义的，时任河南省卫生厅的厅长、各处处长皆出席，县里派先生作为代表参加，安排代表发言时，洛阳地区行署卫生科指定先生代表洛阳地区做大会发言。

先生认为，此次发言对他以后的发展影响很大。

此次会议中，还有一位中医提到了祖传治疗阑尾炎的方子。先生认为，是清热理气、活血解毒的药物，回去试验后，发现用盐草很有效果。后来先生遇到外科医生，医生用热水袋代替盐草热敷，却没有效果。先生认为，这是由于盐的渗透力强，且盐具有散血的作用。后来，先生的老伴得了阑尾炎，先生拒绝手术治疗，使用这个办法，治好了老伴的病，而且没有后遗症。医院有一位护士长也得了阑尾炎，手术治疗后却有后遗症，她的后遗症也是经先生的手治好的。

秋　洛宁县人民医院为了提高中医治疗水平，选送先生到洛阳中医师进修班学习。这个进修班所开课程全是西医，如解剖、生理、病理、西药等，涉及中医的只有一个针灸，教针灸的老师就是洛阳名医严丽生。先生从不放过任何学习的机会，一边认真学习西医，一边刻苦学习针灸，结业时先生既学到了西医知识，也掌握了一流的针灸技术。

3个月进修即将结束时，进修学校的领导组织学员进行中医学术经验交流会，先生在会上谈了自己对脾胃病的认识以及辨证用药的体会。因其有极大的临床实用性和借鉴性，赢得了学员的热烈鼓掌，有的学员甚至说：“学了3个月，不及听李振华讲2个小时收获大。”这件事引起了洛阳行署领导的注意，他们也正在为洛阳中医进修班的教师发愁，发现这样的好苗子当然喜出望外，当即调先生到洛阳中医师进修学校任教。洛宁县医院因只有先生这一位中医，且他的政治觉悟高，业务能力强，医院就找种种借口不放先生走。

同年 洛阳地区办了个西医学习中医培训班，学员由各县市医院西医报名参加，由2位老中医主讲，之后再由包括先生在内的七八位中医为学员做辅导。先生先后讲了《内经》和《伤寒论》。先生中医教育生涯以此为开端，他深为祖国医学博大精深而自豪，又为近代以来中医遭受误解、贬抑，得不到有效继承和发扬光大而忧虑。先生日夜学习中医经典，认真备课，决心为中医教育事业做出贡献。由于先生认真学经典、讲经典，为以后数十年在河南中医学院讲中医内科奠定了基础。

1955年，32岁

春 洛阳地区中医师进修班开学了，中医课程没人教，由于洛宁县医院不放先生走，洛阳行署卫生科长只好下令把先生借调到洛阳地区中医师进修班任教，主讲《内经知要》和《金匮要略》。

夏 北京市发生流行性乙型脑炎，《人民日报》将中医治疗乙脑的理论和方药登出后震动全国，同样也震动了先生。爱学习、善思考的先生，不仅通过这个报道进一步研究掌握了治疗“温病”的方法，还获得了思想方法上的益处：首先，中药治疗乙脑有效，但如果没有石家庄市卫生局袁局长等人的坚持，中药虽好也得不到认可和推广。袁局长等人这种求真务实、为人民着想的精神，是共产党的光荣传统，要作为一生学习的榜样。其次，辨证施治，是中医认识疾病和治疗疾病的基本原则和方法。这个信念先生一生坚持并发扬。

冬 卫生部要求各省评选一名西医学习中医模范教师，洛阳市卫生局深入教师和学员中了解情况，确定先进人选，师生一致推荐先生为洛阳市模范教师，并上报河南省卫生厅。为了发现人才，评出令人信服的模范教师，河南省卫生厅领导不辞辛苦到洛阳、南阳、新乡、安阳等市的“西学中”班进行巡回听课、调研，最后确定先生为河南省模范教师人选，报到了国家卫生部并被批准。

是年 夫人张竹琴女士考上洛阳市卫生学校，学制2年。

第三章 从洛阳到河南省卫生厅中医处（1956—1958 年）

1956 年，33 岁

年初 从 1955 年末，洛阳地区数县暴发流行性脑脊髓膜炎（简称流脑）疫情，洛阳专署卫生科于 1956 年 1 月初，紧急成立医疗队冒着大雪赴疫区进行救治，李振华是该医疗队中唯一的中医。

他们一到医院，就碰到了一位 32 岁的女性病人，她深度昏迷，高热、抽搐、项背强直，危在旦夕。流脑已夺去她丈夫和儿子的生命，若救不活她，这一家就无一人幸存了。先生详细查看了该病人及已死亡者的病历，询问了该病人服药的详细情况，了解病人的共有特征，确认这位女性病人的病属“春温”，有传染性。这种病在病理上就是内热过盛，中医治疗此类病是禁用辛温药发汗的，辛温药助阳助热发汗，出汗多则伤阳，机体阳动而阴不濡，继而可出现抽搐、昏迷甚至死亡。当时抗生素属进口药，不易买到，此类病人多因误用发汗药而致死。先生参照石家庄治乙脑的经验，提出用清热解毒、熄风透窍法治疗，银翘散和白虎汤加减，并另服安宫牛黄丸。先生亲自为病人鼻饲给药，由于抢救得法，病人清醒了，抽搐、发热等症状渐渐消失。

救治了这位危重病人，先生又用此法连续治愈了 14 位病人。该县卫生科立即召开防疫座谈会，先生在会上重点讲解了治疗该病的方法和用药禁忌。由于在全县推行其疗法，有效地扑灭了此次瘟疫。

1957 年，34 岁

春 流脑疫情又在洛阳地区的宜阳、三门峡、偃师、卢氏等地发生。先

生又被紧急派赴救治，先后用中药治愈近百位病人，无死亡病例，都在疫情初发期将其扑灭。河南省卫生厅和省防疫站当年在洛阳召开现场会，让先生在会上介绍治疗方法和经验，在全省大力推广。在当时医疗设施十分简陋、西药极为贫乏的条件下，中医疗法对及时扑灭这一流行快、死亡率高的疫病，发挥了无可替代的重要作用。

4月 三女李洛芬出生。

夏 先生向党组织递交了入党申请书。

是年 先生和陆介甫的论文《治疗脑脊髓膜炎的初步经验介绍》在《中医杂志》刊出。

同年 先生被卫生部评为“西医学习中医甲等模范教师”。

12月 洛阳地区人民医院党支部讨论通过了先生的入党申请。

1958年，35岁

1月5日 洛阳地区人民医院党支部会议通过批准先生为中共预备党员。从此，先生树立起了为共产主义奋斗终身的崇高理想，努力发挥党员先锋模范作用，立志做一个全心全意为人民服务的好医生。

2月 先生被调到河南省卫生厅工作，举家从洛阳迁往郑州，夫人到河南省人民医院当了一名护士。先生在卫生厅中医处就职，分管中医带徒、“西学中”及中医医疗事务等方面的工作。

春 先生被选拔到河南省卫生厅中医处工作后，得以在更大范围内发挥其专长。他兢兢业业地工作，较快地取得了突出的业绩。先生在省人民医院办理了医师注册手续。

9月 河南省卫生干校因面临中医教师资源匮乏，特聘先生为干校兼职教师，担任“中医学概论”课程的讲授工作，一周上两次课，深受学生欢迎。

9月 长子李郑生出生。

秋 先生被派到舞阳，同农民同吃、同住、同劳动。

当时，劳动工具极缺，一个公社也没有几辆架子车，上山运矿石，全靠肩挑背扛，矿石运到山下，还须用铁锤砸碎后才能投进炼铁炉。先生发现很多人由于砸石头时用力不当，时常出现闪腰岔气的意外情况，腰痛难忍，咳则痛甚，行动受限，痛苦难忍。先生看到病人痛苦的表情，通过观察病情，果断决定用针灸为病人治疗，他从行李中翻出自己下乡时随身携带的针灸针，根据病人的具体情况，选择针刺后溪穴透劳宫穴，再根据腰痛所在具体部位针刺痛处阿是穴，往往针到病除，病人立马疼痛尽消，不仅可以说话，且行走如常。先生几年前在洛阳学的技术，如今派上了大用场。

不久，劳动的人群中又出现了一种新的病情，从事炼铁的群众由于防护设备差，更无护眼器具，长时间直视熔炉，受强光刺激，患上结膜炎，出现双眼红肿疼痛，眼酸流泪，加之当地水源缺乏，所有的人吃饭、洗漱用水都取之于山下的一个池塘，污染严重。因池塘水量有限，众人往往共用一盆水洗脸，以水和空气为媒介，病菌在工地快速地传开了，很多人患上了“红眼病”。人们患上结膜炎后，双眼红肿疼痛，酸涩流泪，无法干活。病人前来请先生救治，先生又取出针灸针，根据病人具体病情，选择针刺睛明穴、合谷穴、通里穴，病人立即感到疼痛、眼酸减轻，常能在 2 小时内止痛，睡一觉起来之后泪止痛消，眼睛恢复如初。

神奇的针灸和先生高超的医术，像风似的传遍四方，该公社的病人以及临近公社的病人络绎不绝地来找先生治病，远的用架子车拉来、用担架抬来，近的就被人搀扶着过来，不管怎么来的，先生都能手到病除。开始没有诊室，先生就在自己的窝棚里给病人治病，病人越来越多，公社的领导就专门给先生安排了个房间作为临时诊所，从此先生也不用上山扛石头了，就又当起了“所长”。2个月的劳动时间很快到期了，工作队要撤了，当地领导却怎么也不想放走这个神奇的医生，再三挽留，但卫生厅还有许多重要的工作要先生去做，先生只好多停留了一些时日，把县卫生科派来的几个年轻人教会扎针治病才离开。

是年　先生感到河南省当时没有专门的中医学校，中医人才的培养缺乏具有一定文化水平的学生资源，于是向卫生厅建议，从参加大学统考的学生

中选取考试分数过线、品学兼优的学生，作为中医师带徒到全省有中医科的医院学习，这一建议得到了卫生厅的批准。

学生招来了，先生又为培养这批学员费了不少心思。先是将这批学员集中在省卫生干校学习国家中医政策，先生也为他们做了“学习中医的意义及前途”的报告。集训1周之后，先生将这批学员分到各地市医院中医科学习中医，学制5年。以后在去各地市医院考察之际，先生发现由于各地带徒医师理论水平参差不齐，导致这一批中医学生的医疗技能差距较大，于是和有关领导研究决定采取“集中上课学理论，分别跟师学经验”的教学方式，组织这批学生每年定期定点集中学习中医学理论，然后再到医院跟随带徒医师学习临床诊疗经验，使学生边学理论边实践，确保了这批学生的培养质量和效率，受到了学生和带徒老师的一致好评。

后来，卫生部中医司部分同志赴河南考察工作，了解了河南省中医师带徒的工作情况，他们返京后将这一带徒教育方法在全国进行推广。这百名学徒经过5年培养毕业后，经老师推荐、卫生厅考试合格颁发“出师证”，按本科待遇，都分配了工作，在改革开放新时期都评聘了高级职称，大部分人退休以后，仍然在从事医疗工作，造福一方。

同年 河南省决定在原省中医进修学校的基础上成立河南中医学院，卫生厅组织进修学校领导等赴北京中医学院参观学习，先生作为卫生厅中医处工作人员陪同前往。在北京期间，先生和大家一同对北京中医学院的机构设置、课程设置、教材选取、教学方法等情况进行了详细考察，努力为筹建中医学院做好准备。经多方共同努力，中医学院于是年九月成立，由省教育厅拨款建设，韩锡瓒为首任院长。由于工作需要，先生经常前往中医学院考察工作，遂与韩院长相识。自此，河南省有了自己的中医高等院校。

同年 先生的论文《中医对脑脊髓膜炎的治疗》在《新中医药》杂志刊出。

同年 先生被国家卫生部评为甲等模范教师。

同年 先生从豫东老中医处学到了治疗鼻咽癌的绝招。

先生自己也治疗了很多的癌症。在《五八讲义》中，先生描述了8种病。

先生说：中西医治疗癌症的方法不一样，西医治疗癌症无非手术、化疗、放疗，但是这 3 种方法很难成功地治愈癌症，反而易复发，甚至加速死亡。因为用这 3 种方法治疗癌症，会损害人的抵抗力，损伤元气。先生认为，气血微弱，使得癌症易复发且加速病人体质下降。所以治疗癌症应有三步，初期以攻泻为主，因为此时人的正气不衰，但是不能一攻到底；然后，根据病人的寒热随证治疗，即到了中期，邪盛正弱，攻补兼施；到了后期邪盛正衰，不能使用攻药，应使用扶正药，延长生命减少痛苦。因此，先生建议，凡是西医手术化疗、放疗以后，都要配合使用中药以扶正。先生说：“以后的中国，应存在 3 种医学，即中医、西医和中西医。中医和西医并不是对立的，应该是什么疗效好就用什么，谁能使老百姓受益，听谁的。”

第四章

从河南省卫生厅到河南中医学院（1959—1964年）

1959年，36岁

春 先生参加河南省卫生厅厅直医院高级知识分子党员入党宣誓，由预备党员正式转正。

春 先生参与筹建的河南中医学院开始招生，学校首届招收学生60人，学制6年。

秋 毛主席在河南省委北院集体接见省直干部，先生因医疗成绩突出，也在被接见干部之列。

11月 先生的第一部专著《中医对流行性脑脊髓膜炎的治疗》由河南人民出版社出版发行，先生总结的治疗方法和经验得以在省内外更大区域推广。

是年 国家卫生部给河南省卫生厅下发了多种科研项目，其中与中医相关的只有“辨证论治”一项。卫生厅召集中西医科研人员在中国人民解放军第一五三中心医院开会，讨论项目分配。河南医学院几位老教授、中医学院韩锡瓒院长带着几位老师参加了会议。

中、西医双方代表均认为辨证论治项目属自己的研究范畴，各据理由，争执不下。最后先生作为卫生厅工作人员说出了自己的见解：辨证论治，中医已沿用数千年，最早体现这一辨证分析思想的是医圣、汉代名医张仲景所写的《伤寒杂病论》，其中所论“观其脉证，知犯何逆，随证治之”就是辨证论治的源头。这句话的意思就是，通过观察病人的脉证，就知道病人身体的哪个部分出现异常了，然后再对症施治。这样就产生了同样的疾病随着性别、年龄、体质、气候、地域等因素的差异，往往表现出不同的症候，治疗

上应采取不同治法，这就是“同病异治”。相反，不同的疾病，在其病理发展过程中，出现了相同的病机，因而采用同一方法治疗，这就是“异病同治”。这就是辨证论治的灵活体现。

比如，现在黄疸病很普遍，不同人同患黄疸病有不同的表现。有的黄色鲜明如橘，伴发热、口苦、口干、恶心；有的黄如烟熏，黄中泛黑，不怕冷，不发热，口不干不苦，食少，便稀；有的黄色灰暗，青黄，纳差，腹泻，怕冷，体温不高。《金匮要略》说“黄家所得，从湿得之”，但湿阻气血可以化热而成湿热互结，所以治疗黄疸，要辨明湿热孰轻孰重。第一种情况属热盛于湿，方用茵陈蒿汤加减，其中茵陈、栀子、大黄苦寒泄热，酌加利水湿之药通利小便，所谓“祛湿不利小便，非其治也”；第二种情况属湿盛于热，方用茵陈五苓散加减，就不敢用栀子、大黄了；第三种情况属寒湿之阴黄，没有热了，方用茵陈术附汤加减。有些病虽不同，但病理相同，比如小儿秋季腹泻日久脱肛、产妇子宫脱垂、胃下垂、偏子坠（亦名睾丸疝），虽男女老少不同，但其病理均属脾胃虚弱、中气下陷，当以升阳举陷为法，方用补中益气汤加减治疗。

总之，中医治病是辨证论治，不是辨病论治。综合上述情况，先生建议该项目应划归中医研究范畴。先生发言结束，参会的西医老教授们一致表示同意先生的意见，最终卫生厅决定将“辨证论治”这一项目由中医学院承担。

先生在会上的发言，引起了中医学院韩院长的注意，韩院长事后又对先生做了进一步的了解，觉得先生既有文化，中医造诣又深，是办中医学院不可缺少的人才。于是向卫生厅提出申请将先生调入中医学院工作。但河南省卫生厅领导不愿轻易放走这一得力干将。

同年 先生被选为河南省卫生厅中医处和财务处政治学习组组长。

同年 河南部分地区久旱无雨，自然灾害严重，各地出现了不同程度的粮荒。省政府领导带队去信阳考察灾情，先生作为卫生厅人员被抽调随队前往灾区。

在潢川县考察时，得知病人住院期间，医生采取了大剂量利尿药治疗，

如呋塞米、氢氯噻嗪（双氢克尿塞）等，病人用药后先是出现多尿，不久即陷入昏迷，最后导致死亡。先生通过观察、详细询问，方知此类病人因长期营养缺乏，脾虚无力运化水湿所以出现浮肿，应以中药补气健脾为法治疗。先生立即制止原来的治疗方法，改用中药补气健脾疗法，使浮肿病人的死亡率很快得到控制，浮肿逐渐消失。

同年 先生的论文《中暑的辨证治疗》《痢疾的辨证治疗》在《河南日报》刊出。

1960年，37岁

春 先生再次被抽调下乡赴豫东兰考等县考察。到当地后，先生发现群众由于长期饥饿出现身体干枯消瘦，在路上行走时会突然出现低血糖昏迷，如有人送往医院，经过输葡萄糖后即可苏醒。苏醒后立即进食，所进食物也不管软硬，来者不拒，所进食物在胃部形成一硬块，引发再度昏迷，如此反复，甚至导致死亡。导致这种情况发生的主要原因是病人长期饥饿，胃气亏虚，胃之腐熟无力；脾之运化不及，营养不能吸收，以致出现再次昏迷，甚至死亡。先生认为，应以健脾养胃、益气温阳的方法，用附子理中汤加减治疗，并先进食稀饭等流食，病人就没有再出现昏迷的现象，身体慢慢恢复。运用这一方法，先生先后在兰考、民权、商丘等地治疗干瘦病，疗效甚佳，后被卫生厅下文在全省范围内推广应用。

1961年，38岁

3月 李振华来到了河南中医学院。

先生担起了内科教研室主任和附属医院的医教部主任两个职务，负责中医教学和学生的实习，医教结合，一边讲课一边带学生实习。

先生上任后先把医教部成立起来，设置一个干事，一个秘书，两个副主任。一个副主任是西医，另一个副主任是中医。先生还兼任医院内科主任，根据

医院的情况，重点抓了两件事情。

首先，当时医院刚从开封搬来没几年，医院在开封招的 10 个徒弟也跟着过来了，也都分别拜有老师。先生任医教部主任后发现，这些学员的老师有的有理论有经验，有的只有经验没有理论，先生就采用在卫生厅的带徒办法：集中上课讲理论，分别跟师学经验。加强培养这些青年徒弟，使他们成为业务上的尖子，后来先生当了院长以后又给他们补办了毕业手续，这批学员均成长为河南省的中医骨干，有 2/3 成了全国名老中医学术经验传承人。

其次，抓实习生及时准确为病人建立档案的本领。先生在病房带学生实习，要求每有病人入住，第二天实习生必须拿出新入住病人的准确而详细的病历，每个实习生负责两三张床，早会上先生都要检查他们为病人写的病历，而且要逐一过目并在早会上逐个进行点评。若干年后那些当年的实习生见到先生还说："那时我们对您是又尊敬又害怕，您要求那么严，我们只怕自己写的病历过不了关，正因为当时您的严要求，使我们练就了过硬的本领，才能轻松应对后来繁重的工作。"

说到学习，先生说他自己学习是"连学带偷"，即会在和别人交流的时候，学会其他人治疗疾病的绝招，然后灵活地运用到治疗中。

8 月 四女李郑芬出生。

冬 大多数家庭生活困难，先生家里也不例外。先生不顾自家的生活艰难，还经常伸出援手接济生活困难的同事。

是年 先生开始在河南中医学院教授本科生的"中医内科学"课程。

同年 先生开始在河南中医学院附属医院中医内科坐诊。

1962 年，39 岁

是年 先生仍然身兼三个职务：河南中医学院内科教研室主任、中医学院附属医院内科主任和医教部主任。无论是对医疗岗位工作，还是对于中医内科教学和教学研究工作、学生实习工作，他都是一如既往地认真负责，兢兢业业地工作，以科学的态度、高尚的医德、精湛的医术，赢得了同事、学

生和病人的敬佩。

1963年，40岁

春　很多人营养不良，并由浮肿转成甲型肝炎（以下简称甲肝）。有个中医积累了不少治疗肝病的经验，背了一些治病的方子；但由于缺乏理论知识，讲不出药理和病理，所以他每天看病时都由先生陪着，先由他开方子，再由先生做分析讲解。就这样，先生陪着他，在临时安排的一间房内看了近3个月的病，每天向病人讲解肝病的病理和用药的药理。这不仅让先生跟这位中医学会了治肝病，也使这位中医由“知其然”进而“知其所以然”，还为先生以后研究治疗肝病打下了坚实的基础。

秋　先生回到中医学院，恢复到原来的工作轨道，在固定时间内到附属医院内科坐诊的同时，他还在中医学院重点抓教学和医教结合。卫生部给河南中医学院、南京中医学院、辽宁中医学院、黑龙江中医学院、北京中医研究院等全国6所中医院校下达了肝脏病的科研项目任务。先生成为河南中医学院肝脏病的项目主持人。当时的附属医院内科，共60张床位，有50张床上住的都是肝脏病人。

10月　五女李爱芬出生。

是年　先生承担了卫生部的肝病科研项目“肝炎、肝硬化治疗研究”。

1964年，41岁

4月　国家卫生部召集肝脏病科研项目组和北京的董建华、岳美中、方药中等名老中医，在北京中医研究院西苑内科研究所召开研讨会，汇报项目的进展情况，讨论研究肝脏病的治疗方法。会议开了16天，先生在会上做了系统发言。经过充分的讨论，与会代表达成一个共识：肝脏病分为气滞湿阻、寒湿困脾、湿热蕴结、肝脾血瘀、肝肾阴虚、脾肾阳虚六种证型。这六种证型中气滞湿阻、寒湿困脾最好治，治愈率在75%左右。其中肝肾阴虚和脾肾

阳虚不好治，而且肝肾阴虚多为肝癌。后来讨论到肝脏病为什么会形成腹水时，大家意见分歧比较大，讨论变成争论，争论了一天半仍然没有达成共识。

关于这个问题，先生多年来做了大量的思考和研究，在会议期间又听了不少人的发言，使自己的认识更加完善了。他看到大家争论不休、莫衷一是，经过慎重思考就很自信地站起来，有条有理地把肝脏病产生的病因、病机、证型、疗法和疗效向大家一一做了汇报。他认为，肝病腹水产生的原因有三个。

第一个原因是情志所伤。病人思想上长期的郁闷不快，也就是《内经》上讲的怒则伤肝，肝脏的生理管气血的疏泄条达，只有肝脏使气血条达，胃才能降浊，脾气才能升清，脾之所以能运化水谷之精微到身体的各个部位，主要依赖肝的气血条达。肝郁气滞就会影响胃的降浊，脾虚之后不能运化，就会形成水湿停滞，水湿停滞以后，就影响气血更不能条达，特别是肝和脾都在中焦，就会引起肚胀，肚胀以后胃不能和降，致使饮食减少，这就加重了肝气郁滞的程度，同时也使脾的运化环境更为恶化，这就形成了一个恶性循环，脾不能把水谷之精微运送到各个脏器，脾虚进一步累及肾，引起肾虚。人的排泄靠的是膀胱，膀胱的根源是肾，靠命门之火，《内经》上说“膀胱者，州都之官，津液藏焉，气化则能出焉”，人之所以能排尿靠的是气化的功能，肾虚命门火衰，排尿不利，水停腹中，而成腹水。形成的这一病理，可简称“木郁克土”。

肝病腹水的第二个原因也是主要原因。从脾开始，人饮食不节，嗜酒肥甘，或者饥饱劳倦伤脾胃，脾虚不能运化阻滞气机，肝气不能条达，又影响到脾的运化，湿邪更多，这也形成一个恶性循环，称“土壅木郁”。这叫其名不同其果则同。

第三个原因是其他病转化而来的。有些肝病腹水是由其他病转化而来的，如南方血吸虫病、风心病到后期的心力衰竭，肝脏瘀血形成气滞血瘀水停。黄疸型肝炎、乙型肝炎等这些病从病理上都涉及肝脾肾，3个脏器功能彼此失调，所以鼓胀病不仅仅是肝脏病本身的问题，而且脾脏是形成腹水的枢

纽，由于肝脏病最后肝、脾、肾三脏的彼此功能失调形成了气滞、血瘀、水裹而叫“鼓胀”。

经过多年的观察研究，先生发现肝脏病虽然是由三个脏器的功能失调引起，但是由于病理的转化不一样，肝脏病的证型也有差别。先生将其归纳为六个证型：气滞湿阻、寒湿困脾、湿热蕴结、肝脾血瘀、肝肾阴虚、脾肾阳虚。这六种肝病的治疗方法也不尽相同，其药物治疗上分别如下。

第一种气滞湿阻，症见胸胁脘腹胀闷窜痛，胀甚于痛，恶心欲呕，纳差食少，头晕乏力，苔腻，脉弦等。一般情况下用逍遥散为主方。若肝郁化热，症见烦躁易怒、舌红脉数者，则以丹栀逍遥散为主方，酌加香附、郁金、青皮、枳壳、乌药等疏肝之药；热甚而见口干口苦者，需加知母；若偏于肝阳上亢，头晕、头痛者，需加平肝潜阳之品；若肝郁乘脾，偏于脾虚湿盛者，需加重白术、茯苓用量，并酌加薏苡仁、泽泻等健脾利湿之品；如果脾脏大者，酌加穿山甲、鳖甲、牡蛎以软坚散结；有腹水者，另加利尿药物。

第二种是寒湿困脾。如果是脾虚引起的，要分辨是脾气虚还是脾阳虚，脾之运化的功能是靠脾气和脾阳的，脾虚都是气虚甚至阳虚。从肚胀开始，舌苔腻、舌苔白、大便稀、饭后肚胀又有腹水，这都是脾虚的表现，治疗要以实脾饮和胃苓汤化裁治疗。药的加减要看病人寒湿的程度，要是四肢发凉、怕冷，光桂枝还不行，得重用附子、干姜；肚胀腹水，加利尿药车前子、玉米须等；如果大便稀，则除加猪苓、泽泻外还要加薏仁、莲子。如果是年轻一点的病人，脾气不是那么虚，湿邪阻滞又开始化热，要少加点苦寒药。

第三种是湿热蕴结。这是由于脾虚以后“水湿停滞阻滞气机，气有余便化热”，这个病是寒热虚实交杂，比较难治。湿邪来源于脾虚，脾气虚而产生湿叫本虚，湿邪停留阻滞气机又化热形成腹水，这是实证。湿为阴邪化热为阳邪，这叫虚实寒热阴阳交错，纠缠到一块叫湿热蕴结。叶天士说：“湿热缠绵，病难速已。”这种病到湿热以后容易损伤肝胆，多半病人都有黄疸出现。治宜健脾理气、清热利水法，方用茵陈五苓散加减。最后肝气上逆，湿热蒙蔽清窍，可出现肝昏迷造成死亡。此时如果发现病人嗜睡头脑不清，这就是肝昏迷的前兆，急救可用苏合香丸；如若烦躁不安，谵语昏迷，可用安宫牛黄丸急救。

第四种是肝脾血瘀。气滞血瘀，肝脏、脾脏都大，人的血管从胃到小肠、大肠汇集到一块，通过肝脏输送到心脏，这叫门脉循环。如果肝脏气滞血瘀不能顺利通过，在门脉停留得多，血管就要扩张，在医学上叫门静脉扩张，扩张严重的病人，从皮肤上就能看到青筋。如若毛细血管扩张，则脸上、颈部、胸部就会出现蜘蛛痣和出血点，舌苔薄白、舌质暗，脉搏沉涩。这种情况治疗起来就比较困难。肝脾血瘀一般是用疏肝健脾、活血化瘀法，用王清任的膈下逐瘀汤和逍遥散化裁加凉血止血以达活血止血。这个病最后大都是血管破裂致大出血而亡。

第五种是肝肾阴虚。本证多因素体阴虚、肾亏，病人患肝脏病以后肝阴虚产生内热，内热又耗伤肾阴形成肝肾阴虚，再加上脾虚，肝脾失调。这个病理是以肝肾阴虚为主，它的特点是脉弦细数，舌质红，舌苔薄，心急烦躁、头晕失眠、有腹水，最后肝火上逆，蒙蔽清窍，出现狂躁不安，以致肝昏迷。可用安宫牛黄丸急救。到这时候病人需要特别护理，看护一刻也不能离开。这种病特别难治，滋阴清热加上利水的药一吃，病人心急烦躁好一些，滋阴的药滋水就伤脾，反过来就肚胀，排尿困难，也吃不进饭了。如果利水，就需要健脾通阳，通阳才能利水，通阳利水后，排尿顺畅，肚胀减轻则吃饭也多了，失眠、烦躁、心急就会加重。肝肾阴虚难治就在此，阴虚产生内热，腹水又有湿邪阴邪，阴虚内热是阳邪，阴阳交错矛盾。本证一般用滋水清肝饮加减治疗。后期多因肝昏迷而亡。

第六种是脾肾阳虚。本证是肝腹水末期，脾肾阳衰，腹大如鼓，四肢冷，可用益气温阳利水延长寿命。此病多因心力衰竭而亡。

简而言之，肝脏病的病理就六个字：肝、脾、肾、气、血、水。病因也是六个字：气滞、血瘀、水停。脏器上是三个字：肝、脾、肾。

这六种证型中，气滞湿阻型是初得此病，病理没有复杂变化，药用疏肝理气、健脾利湿，往往一吃就见效。寒湿困脾只要弄清是脾阳虚还是脾气虚，

寒湿属阴邪，脾阳虚也是阳虚阴盛，它的病理没有虚实矛盾，没有寒热的纠缠，一直是健脾通阳、利湿疏肝，肝气疏泄了、脾能运化了、胃能活降了，吃饭也多了，排尿也顺畅了。这两种证型治愈率一般是 75%，很少死亡。湿热蕴结往往死于肝昏迷，少数死于大出血；肝脾血瘀型基本上死于大出血，也有死于肝昏迷的。但两种肝昏迷还不一样，前者的肝昏迷先嗜睡，后者的肝昏迷是先烦躁失眠。肝肾阴虚的腹水最难治，抽水化验的结果还多是血性腹水，这种腹水多是肝癌。这六种情况前两种好治，后四种难治，最难治的是肝肾阴虚证和脾肾阳虚证。

先生发言有理有据，将肝病分类归纳总结为六种证型，每种证型的病理、病因都说得较清楚，治疗的主方、死亡的原因、哪个好治哪个不好治、原因在哪等都说到了。与会人员无人提出异议，一致赞成先生的意见。

同年 名老中医岳美中向先生传授了治肾结石的药方：一个是化石，一个是消炎利尿，待结石下行到膀胱后因狭窄不好通过，此时就需要吃些补气的药如补中益气汤，增加气化功能才能把结石排下来。善于学习的先生如法炮制，治好了不少病人。

先生深有感慨地说：中医就是“象思维”，靠脉象、藏象或者病人的叙述、自觉症状。中医知识越学越觉得学不完，同病异治，异病同治，灵活得很。病人一句话医生脑子要转三圈，有时候病人叙述不清楚，医生要反复地问，问出重点了，就知道病机在哪儿了；有的是从脉搏上、从舌苔上、从面部气色上、从自觉症状上发现病机。而西医治病靠仪器，用药靠说明书。中医的灵活性很强，没有灵活的脑子，没有思维的能力，没有辩证的观点，当不了中医。

秋 河南中医学院请全国著名的中医、卫生部的顾问秦伯未来郑州讲学。

秦先生博学多识，他的报告用两个下午讲了一个“湿”字。他认为“湿”的来源就是脾胃，历代医家都很重视脾胃，李东垣说：“善治病者，唯在调理脾胃”“内伤脾胃，百病由生”，脾胃是生命赖以生存的物质基础。

秦伯未首先从脾讲起，讲脾脏在人体中所起的作用。中医所说的脾，跟西医解剖学上的脾有所不同，中医的脾包括消化吸收系统、内分泌以及人的抵抗力。张仲景曾说“四季脾旺不受邪”，《内经》上说“脾为仓廪之官”“脾为胃行其津液”，脾胃是气血生化之源，脾主肌肉和四肢，开窍于嘴唇。脾喜燥恶湿，脾主运化水谷，脾若不能正常健运（脾失健运），不能正常排泄，就要产生湿，人体的水湿就会停滞，水停在哪儿，哪儿就会生病，如水湿过盛排泄不出去就会拉肚子，即“湿盛则濡泄”。脾不能为胃行其津液，胃就要胀满，各种炎症就会产生，西医上说的各种胃炎都是因为水和气血停滞在胃产生的，健胃必须同时健脾。“内伤脾胃，百病由生”。百病者言其多也。湿邪在人体不是一成不变的，湿为阴邪，它停滞了，气血便不通，气有余便会生热；热为阳邪，这样就会形成湿热蕴结，而且多停留在中焦或关键地方，因此黄疸性肝炎、胰腺炎、胆囊炎、脂肪肝、关节炎等大都是由湿热形成的。湿为阴邪，热为阳邪，湿来源于脾虚，热为实证。脾统四脏，脾是为各器官提供营养的，脾跟不上，各个器官的功能就会受影响。心脾不足是用归脾丸来治。如果是咳嗽痰多，便是肺脾气虚了，脾为生痰之源，肺为贮痰之器，需用六君子合补中益气汤化裁治疗。脾虚营养供给不到肾，会形成脾肾阳虚，用真武汤等方治疗。脾虚则肝旺，脾肝失调，需以逍遥散等加减治疗。另外脾统血，一些大的失血症要从健脾着手，尤其是下焦出血，临床多见的妇女功能性子宫出血就要用补中益气汤合归脾汤加减治疗，所以中医说见痛休止痛，见血休止血，要先弄清楚疼痛和出血的根源，从根本上解决问题。正如钱学森所说，将来中医的问题搞清楚了，不光是医学的革命，更是科学的革命。

对于秦伯未的报告，先生自始至终都坐在第一排仔仔细细地听，认认真真地做笔记。他的这个报告，对先生后半生的科研、教学影响深远，也为先生对脾胃病的研究奠定了基础。先生此后带了十届研究生，其方向全为脾胃病，为后来承担国家的科技攻关项目——萎缩性胃炎打下了基础。这次报告，使先生对脾胃病有了更系统、更深刻的认识，先生感慨地说：“学医任何时候都不敢自满，任何时候都要虚心学习，学无止境，专家一席话顶自己读十年书。”

秦伯未在郑州的学术活动结束后，又到洛阳去给病人看病，先生又随其到洛阳。秦老自郑州到洛阳，前后有半个月时间，先生一直不离左右，并把自己陪秦老看病视为侍诊，秦老的诊断、用药先生都默记在心，有不懂的地方就虚心请教。

比如，秦老治疗早搏，病人服三五剂药就大见疗效，先生看其制方用药，也是炙甘草汤：人参、寸冬、火麻仁、生地黄、阿胶、丹参、桂枝、炙甘草。与自己的药方也没有多大差别，所不同的就两点：一个是加了茯神、远志、炒枣仁、节菖蒲等安神的药，再一个他用的桂枝量很小，那时候还没有克，他用 7 分到 1 钱，也就是大约 3 克，先生回想自己一用都是三五钱。早搏（期前收缩）这个病出于《伤寒论》，叫脉结代，《伤寒论》里方药没有量也没有病例。先生不明白就问道：“秦老师，您这桂枝为什么用这么少？这是什么意思？请您给我讲讲。”秦老说：“心脏搏动的快慢是个心阴心阳的问题，阳就是功能，阴就是物质，脉搏跳得过快是心阳盛心阴虚，如果跳得过慢是心阳虚心阴盛。心脏早搏就是不应该跳时它先跳了，这就是心阳盛心阴虚。阴阳是平衡的，心阴虚了心阳也要虚，但对比之下阳盛阴虚，这个不是心阳实盛，是对比着显出了它的盛，所以阳也虚，脉搏上出现停跳，血液达不到四肢，虚得很的话两下停一下、三下停一下，叫二连三连，如果桂枝用多了心阳一盛，就会提前跳得更多，所以在补心阴的基础上稍助一下心阳，脉搏就达到平衡了。人参与桂枝同用，人参是气阴双补，再加上少量桂枝就可以了，其他的生地黄、阿胶都是补心阴的，丹参是活血的，再加上茯神、远志、枣仁为安神，那当然有效果了。”

这一讲，先生豁然开朗，自此以后先生治早搏大为改观，再也未见不起功效的。先生并没有就此停滞不前，而是继续摸索研究，后又总结出一个经验，治室性早搏效果立见，治房性早搏效果不是那么明显，但房性早搏没有生命危险。室性早搏会致人死亡，即“二连三连”如果跳不过来，人就会突然死亡。这是此行先生跟秦老学的一个方子。

另外，先生还学了一个就是河南中医学院三附院门诊配制的参红素，这里边主要是人参和藏红花，还有三七粉等。为什么这个药效果好呢？西医治冠心病、心脏病都是扩张血管，没有从根本上解决供血的问题，这样用药日久就会导致心力衰竭，人参是增强心阳的，藏红花和三七扩张血管为主。先生认为心脏就像家里的水管，水就是血，管道是血管，必要条件是须有水，还要有压力，压力是心阳，水就是心阴，须有压力水才能上高楼，没有压力水当然上不去，压力大水管中间即使有狭窄也能冲过去，所以治心脏病必须助心阳和扩张血管双管齐下。

是年 先生的论文《中医的病历书写》在《河南医学》杂志上刊出。

第五章

担任河南中医学院附属医院副院长（1965—1971 年）

1965 年，42 岁

5 月 省政府任命先生为河南中医学院附属医院副院长。

先生就思考着不能辜负党和政府的信任，要争取为医院多做点事。医院要能在社会上立住脚赢得病人的信任，就必须提高医疗质量。如何提高医疗质量呢？首先必须提高医生的业务水平和能力——没有好医生哪来的医疗质量？先生认为，当面跟师学习是提高中医诊疗水平的较好方法之一，所以他平时就十分注意收集先进的诊疗信息，发现哪个医生有绝招，就立即派医院医生去学习绝招，如脉管炎、胆结石等病的学习。

是年 先生的论文《论辨证论治》被收入《河南中医学术汇编》。

1967 年，44 岁

是年 先生任副院长之后，一边抓医院医疗水平，一边抓临床教学，通过各种渠道开展培训以提高医生的医疗技术，同时还注意利用一切机会改善医生的工作、生活环境，为年事已高的医生解决出诊困难的问题。

1968 年，45 岁

冬 河南中医学院整体到安阳曲沟参加农业劳动，住在当地农民家里，先生参加农业生产，除劳动以外，其他时间还到公社门诊部去坐诊。

医院组织医生到林县茶店为农民治病，到乡下后先生才看到农民常年吃的水都是存的雨水，因为储存时间久了水都是黄的。这里是食管癌多发区，有个女社员，吃饭时吞咽困难，先生给她开了点药，服用后症状消除了，这里的农民认为先生医术了不得，先生一下子就出名了。

是年 先生因患甲状腺瘤，回郑州治病。

1969年，46岁

是年 中医学院所有在曲沟参加劳动的人都回到了郑州。

秋 河南中医学院和其附属医院也在禹县开设了门诊部，准备让一些医护人员到禹县给百姓治病。

12月 先生在河南中医学院禹县门诊部坐诊。

1970年，47岁

是年 先生继续在河南中医学院禹县门诊部坐诊。

春 先生在郑州喜得一治疗子宫功能性大出血的药方，药方是补中益气汤合归脾汤化裁而来，不同的是归脾汤中的白芍、补中益气汤中的柴胡和升麻都是醋炒的，另外又加了些阿胶、黑地榆等止血药，最后的引子是6两米醋。

起初，这个方子的用药先生觉得也没太多巧处，就是这个引子先生不太理解。献方者说必须用米醋作引子，药煎好后把米醋倒进去稍一煮即可，说加温以后醋就不刺激胃了。先生认真思索后方知其中奥妙：酸入肝，肝平不克脾，酸起收敛作用。下焦出血，就是因为人体的血液不能回流，大量血液聚集下焦，致使血管扩张破裂加大出血量。如何收缩血管增强升提功能，使血液回流上来，不止血而血自止呢？醋就能起这个作用。小米健脾，脾统血，肝平脾旺，这样就达到了止血收敛的作用。

先生从郑州回禹县没几天，就接诊了一位患子宫功能性出血的病人。先生就模仿着施老的方子也给病人开了6剂药，想验证一下6剂药到底能不能治好病，果然，病人吃了6剂药就好了。这是先生到禹县后第一次展露高超的医术。

一天，先生的诊室进来一位中年男子，说他妻子病得很重不能走路，他是用车子拉着病人来的，请先生到院子里给病人看病。先生出来一看，果然架子车上躺着一位妇女，车子下边还挂着个瓦盆，一问才知病人因关节炎严重膝盖和脚踝关节都是肿的，不能站立，大小便也都得躺着解决。先生查看

后发现病人患的是类风湿关节炎，给开了10剂药。病人第二次来时就会走了，第三次是坐在自行车上来的，已经可以做些简单的家务了。这件事当时在禹县被传为佳话。

后来，先生又接诊了一位患有原发性血小板减少的女病人，病人自述禹县有3位妇女得此病，那两人已经去世了，她十分担心噩运哪天会降临到自己头上。先生给她开了几剂药后，药到病除，女病人十分感激。

连着治好了几个疑难病例，先生名声大振，人们一传十、十传百，消息也传到了县领导的耳朵里。

秋　从7月开始，乙脑在禹县肆虐。禹县人口密集，煤矿也多，空气不好，此病传染得很快。县医院容纳不下，就在怀帮会馆的院子里设立了临时治疗所，地上铺一些稻草，病人都在地上躺着。县医院的医生回天乏力，病人和死亡人数还在直线上升，县里领导想到了善治疑难病的先生，找到先生咨询对策。先生就详细介绍了自己治疗乙脑的经验，并分析讲解了这种病的病因、症状及治疗原则和方法。县里领导听先生讲得很有道理，就决定以先生为主成立个治疗小组，当晚即进入怀帮会馆大院，接管并主持乙脑病人的治疗。

先生带着刚刚成立的治疗小组刚一进门，一个20多岁的小伙便跑上来就给先生跪下了，求他一定要治好弟弟的病，先生慌忙把他拉起。原来他新婚的弟弟才19岁，得了传染病，已昏迷三四天了，他70多岁的老母亲也病重在床，家人也不敢把这个消息告诉母亲。先生就赶快给这个病人开药，因为病人昏迷不醒，吃不成药，只能鼻饲喂药。令人惊奇的是，第二天这个病人居然有了知觉，第三天就可以坐起来了，热也退了，及至服药四五天，在他哥哥的搀扶下就可以走路了。这个病例使所有病人和其家属受到了鼓舞，他们看到了希望。

另一病人深度昏迷，已是热入营血，症见高热、抽搐、项强，两目直视，痰鸣气促，四肢厥冷，脉细数。先生确诊其为“暑温”，由蚊子传染。用“凉血解毒，熄风透窍”法治之，处方为清瘟败毒饮加减，另服安宫牛黄丸。经过三天两夜精心治疗，病人清醒，7天后搀扶着便能行走了。

7月的禹县久旱不雨，天气干燥，因为得病的多是10岁以下的孩子，病儿烦躁不安，哭闹不止，整个大院哭声一片。到8月，禹县又是阴雨连绵，

此时收治的病儿多是昏睡不醒，舌苔也没那么红，烧得也不太厉害，先生一看此种情况就想起了 1955 年石家庄和北京同用一个方子效果截然不同的情况。于是赶快改变药方，减少生石膏用量，再加上郁金、节菖蒲、佛手、白蔻仁、佩兰，以芳香化浊，病情又有起色。

3 个月的时间，先生共接诊了 132 位病人，把原来近 40% 的死亡率降低到 23%，只要送诊及时的基本上都能救过来。当时的统计资料显示，国外治疗乙型脑炎的结果，其死亡率在 50% 以上，病儿即使不死也鲜有不留后遗症的。在先生治好的病人中，有 25 位病人出现了后遗症，有的是偏瘫，有的是一只胳膊不会动，有的是耳鸣，有的是头痛，还有一个小孩的后遗症是弄舌。

看到这种情况，先生心里深感不安，心想如果不把他们彻底治好，会给他们以后的生活造成多大的麻烦啊！医生的责任心促使先生日夜研究病理，琢磨着如何消除他们的后遗症。这 25 个病儿大都是 8 月得的病，就是因为 8 月连阴有雨，湿热阻滞经络，导致后遗症多。于是，先生就配合针灸和吃中药进行治疗，药用养阴清热、通经活络透窍，以沙参麦门冬汤为主，加一些虫类药如蜈蚣、全虫、地龙，郁金、节菖蒲透窍，有的病儿胃不好再加焦三仙、陈皮。经过近 1 个月的治疗，竟然把这 25 个病儿都治好了。由此先生得出乙脑后遗症有 3 个类型：热盛，湿盛，湿热蕴结。其中以湿盛的后遗症最多。

“乙脑能治疗，生命有救了！”先生医术高明，治病救人几近起死回生，被病儿家属称为“小神仙”。3 个多月时间，他的医疗小组共治疗 132 个乙脑病儿，治愈率高达 92.7%。对 25 个出现偏瘫、单瘫、耳聋、头疼等后遗症的病儿，他又以“养阴清余热、通经活络法”配合针灸全部治愈。事后，河南中医学院在禹县为先生召开了表彰大会。

是年　先生进行的“流行性乙型脑炎临床治疗研究”，获河南省重大科技成果奖。

1971 年，48 岁

是年　先生继续在河南中医学院禹县门诊部坐诊。年末方回到郑州继续行医任教。

第六章

担任河南中医学院中医系副主任、医教部副主任（1973—1980年）

1973年，50岁

是年 先生任河南中医学院中医系副主任、医教部副主任。

1974年，51岁

8月 先生首遇疑难杂症疰夏症。

病人王某，女，31岁。8月初的一天，她在太阳下劳动，忽感头晕头疼，全身发热，体温突升为39℃，随后回屋卧床休息。请医生来检查时，症状消失，体温正常，未服药而症状自除。后又在阳光下劳动、走路，体温又突然上升，回凉爽地方休息后，体温复降，机体如同一支温度计似的。后服西药，未见成效，且体温下降后，仍感头昏头沉，四肢无力，食差无味。在阳光下，虽体温突升，但全身无汗。

至先生处求诊时，不断发热已十余天。病人舌苔白腻，脉象濡缓。先生当即想起此证与《丹溪心法》所载疰夏症相似。《杂病源流犀烛》也叫“疰夏”。此病系少有的病症，乃外感湿邪，湿阻经络，阳失外越所致。先生用辛温透表、芳香燥湿治法，用藿香正气散与九味羌活汤化裁治疗。病人服药6剂，症状完全消失。

1975年，52岁

秋 先生灵活运用中医理论，辨证用药，抢救肝病昏迷病人，收到了良好的治疗效果。

先生获悉挚友李某的母亲重病住进省级某医院，前去探望。来到病房，见李某母亲已是深度昏迷。李某向先生介绍母亲患的是急性肝坏死，全身出现黄疸，且已腹水，昏迷多日，不能进食，大小便失禁，已住院治疗数天，未见好转，且愈来愈重，医院已下病危通知书，劝其为母准备后事。探病完毕，李某送先生到病房大厅时，心情沉重，眼含热泪对先生说："振华，你也是医生，能不能想想办法，救活我母亲啊？"挚友沉重的心情，祈求的语气，为母亲求生的眼神，深深打动了先生的心。按照规定，得不到医院方面的同意，外院医生是不能到病房为病人诊病、治疗的。此时先生毫不犹豫地对李某说："走，回去悄悄给老人看病。"先生为其母号了脉，脉象洪数，舌苔薄黄，舌质红，知其母患的是急黄证。

先生为其母开方，交代李某晚上用鼻饲方法给老人灌服，同时配服安宫牛黄丸一丸，若明早能苏醒过来，老母就有救了。果然，第二天早上老人苏醒过来了，李某全家大喜过望。当天上午该医院院长来病房探视，忽见李某母亲苏醒，大为惊奇，忙问李某："你母亲服了什么药，竟能苏醒过来？"李某和院长也是好友，便不再避讳，说："实不相瞒，昨天是服了李振华一剂中药，今才苏醒。"院长连说："好，好，好极了，可让李振华继续为老人诊治。"

李某得到院长的允诺，于是又请先生来医院为老母诊治，随症用药，又服了一周中药，其母黄疸、腹水皆都消去了。出院回家后又经先生调理了一段时间，李母病症痊愈。

1976年，53岁

是年 先生的医教生涯进入新时期。

同年 先生为《河南中医学院学报》的创刊做出重要贡献。

同年 先生的论文《中医对肝炎、肝硬化的辨证论治》《支气管炎和支气管哮喘的辨证论治》《流行性乙型脑炎》《妇女乳房常见病验方介绍》

等在《河南中医学院学报》刊出；《中西医结合治疗乙脑 132 例总结》在《河南卫生报》刊出。

1977 年，54 岁

是年 国家恢复高考招生制度，“七七级”新生入学，中医高等教育步入正轨。作为教学人员的先生，总结治疗乙脑的经验，写出了论文《乙型脑炎临床治疗研究》，该课题获河南省重大科技成果奖。

同年 先生的论文《流行性脑脊髓膜炎》在《河南中医学院学报》刊出。

1978 年，55 岁

7 月 先生收治了一位男性疑难杂症病人。

该病人 1968 年 8 月突然出现双腿发软而跪倒，不能行走，短时即恢复正常，当时未引起重视，也未进行诊治。2 年后又出现双腿发软而跪倒，不能行走，同时两上肢亦发软无力，发作时间较前延长，几小时才恢复正常。此后不断发作。在北京经几所西医医院治疗，效果不明显。从 1970 年到 1976 年发作频繁，每月都要发作两三次，发作时间多在早晨将起床时，发作后四肢无力，穿衣困难，一天左右逐渐恢复。不发作时双腿亦发软，行走无力，更不能跑步。

病人慕名而来，主诉每月仍发作三四次，发作时四肢瘫软，不能下床活动，一般需三五天才能下床行走。不发作期间，四肢无力，精神疲惫，并感呼吸气短，畏风怕冷，食欲欠佳，大便常年溏泄，一日三四次。病人面色萎黄，呈慢性病容，舌苔薄白，舌质淡，舌体胖大，脉象无力。此属痿症，现代医学病名为周期性瘫痪。据医理分析，证属脾肺气虚，生化乏源，气血不足，筋脉失养。先生采用益气健脾、活血通络的治法，方用十全大补汤加减。

病人坚持服药 110 剂，至 1979 年 10 月仅发作了一次，症状很轻，只出现短时间四肢乏力，又继续服药 25 剂。停药后 3 个多月未见发作，自感四肢

已有力，可以正常参加体力劳动，畏风怕冷现象亦消失，体重增加了6千克，面色及舌、脉均已正常。后又继服一个时期十全大补丸以巩固效果。

是年 先生在北京参加全国科学大会，作为中医代表受到了中共中央领导的接见。

同年 先生的论文《谈谈肾炎的辨证治疗》在《河南中医学院学报》刊出。

1979年，56岁

12月 河南省首届中医学术会议在郑州召开。会上成立了中华全国中医学会（现中华中医药学会）河南分会，先生担任学会副会长。

是年 先生开始招收中医硕士研究生，首位硕士研究生是麻仲学。

当年河南中医学院招收了5个硕士研究生。院领导对研究生的培养高度重视，经研究从学院中医系及附属医院挑选了石冠卿、李振华、邵经明、袁子震、张望之5位医术及学术都出色的教师为硕士生导师。

先生对当时中医培养研究生完全模仿西医研究生的培养方法是不太认同的。当时的中医培养研究生的方法是让研究生跟着导师只研究某一种病或某一学科。先生认为，西医学是一门分科极细的科学，治病的原则是对症治疗、对因治疗，难免出现头疼医头、脚疼医脚的问题，所以西医学的研究生只学习某种疾病或者某个学科是可以理解的。但中医学理论体系讲究系统论、整体观、天人相应，中医认为人体的五脏六腑是相互关联的，不是独立的，一个脏器的病变可能是由另一个脏器所引起的；同样，一个脏器的病变也可能引起其相关脏器的病变。脏与脏、脏与腑、腑与腑都有联系，人的身体也会受其生活环境的影响而产生某些疾病，所以说中医学的研究生只研究某一种病是不科学的也是行不通的。

当时培养研究生比较普遍的做法是，第一学年集中学理论，第二年跟师学临床，最后一年在导师指导下写论文，对临床重视不够，所以硕士毕业的学生不会看病的不在少数。先生带研究生的方法是独特的，也是扎实有效的，

从先生对第一个研究生麻仲学的培养教育方式可管中窥豹。

先生认为学中医必须打好坚实的理论基础，精读四大经典著作。掌握《内经》阴阳五行、藏象、经络、天人相应等基本理论，树立中医的整体观念、辨证观念；学习《伤寒论》，掌握其辨证严谨、治法灵活多变的精髓，以及汗、吐、下、和、温、清、补、消等基本治法；《金匮要略》被誉为治疗杂病的典范，先生特别强调要背诵原文并理解其中警句；学习《温病条辨》，还要结合叶天士的《温热论》、薛生白的《温热病篇》、王孟英的《温热经纬》等。

当时除了学院安排的理论课之外，先生还要再为麻仲学指定一些特定的书目让他阅读，读后要求他写出读后感，写成之后先生还要再认真为其修改，改后再写，如此再三才能定稿。这样既加深了麻仲学对经典的认识和理解，还锻炼了其的写作能力。当然，一再改写的过程也是先生检查、指导麻仲学对经典著作的认识和理解的过程。

先生还经常带麻仲学出去参加学术会议，如先生到湖南衡阳、山西太原、湖北武汉等地参加学术会议时都带着麻仲学。参加这些全国性的学术会议，使麻仲学不仅增长了见识，开阔了视野，还结识了许多中医界的老前辈。在与这些前辈的接触中，麻仲学既学到了新知识，也加深了对前辈们的认识。

先生学习中医经典感受最深、收获最大的，就是在给洛阳“西学中”班上课的时候。当时为了给学员讲课，先生常常钻研经典，备课到深夜。所以为了促使麻仲学学好中医理论知识，先生经常安排他为本科生上一些课。俗话说“打铁还需自身硬”，要给学生一碗水，自己必须先有一桶水。麻仲学要想讲好一节课，就必须做好充分的准备。先生让麻仲学讲课也并不是放手不管，而是先让麻仲学试讲，自己则坐在一边听，麻仲学讲完之后先生再补充、总结。麻仲学的硕士论文《脾脏是引起肝硬化腹水的枢纽》就是在给本科生讲课的讲义基础上充实完成的，论文写好后引起了全国名中医董建华的注意，他硕士毕业后董老又招他为博士生。

麻仲学博士毕业准备出国时，先生为防止他产生自满的情绪，挥毫为其

写下了“大智若愚，虚怀若谷，胸怀祖国，放眼世界”的临别赠言，一再叮嘱他要谦虚好学，莫要停滞不前，更不要忘了祖国。

同年 先生的著作《常见病辨证治疗》由河南人民出版社出版。

同年 先生的论文《在中西医结合中谈中医的辨证论治》《写好中医病历 提高医疗质量》在《河南中医学院学报》刊出。

1980年，57岁

3月26日 河南中医学院建立了学术委员会，孙刚任主任，先生和石冠卿、周尚贤为副主任。

是年 据有关部门的统计，河南省在1966年前有4万多名中医人员，到1976年时仅剩下9 000多名。中医药事业面临着后继乏人乏术的严重局面。先生为此忧心如焚，在北京召开的中国科学技术协会第二次全国代表大会上，他呼吁解决中医后继乏人问题，并写了内参报告，提出对策建议，引起了有关领导和部门重视。

同年 先生招收了中医硕士研究生郭淑云。

第七章 担任河南中医学院副院长（1981—1982 年）

1981 年，58 岁

春 全国中医理论整理研究工作会议在云南昆明召开，会上成立了中国中医理论整理研究委员会，先生和石冠卿当选为中国中医理论整理研究委员会委员。

6 月 《人才》杂志社在河南饭店联合召开了自学成才座谈会，会上特邀先生讲述了自己从一个高中还没上完的中学生成长为大学教师、主任医师的奋斗历程，引起了与会领导和媒体的注意。会后，河南电视台对先生进行了单独采访，拍摄了专题报道《成才之路》在河南电视台播放。

是年 先生任河南中医学院副院长，负责全院教学工作。

学校是培养人的地方，大学更是培养专职人才的高等学府。中医学院就是要培养中医的，能否培养出令群众满意的医生，跟学校的教育有很大的关系。医生这个职业关乎着人的生命，好的医生能造福社会，造福于民，但如果培养出来一个"次品"，那就等同于给社会增添了一个无形的杀手，先生深感自己肩上的责任重大。经过几个不眠之夜，先生终于明确了自己的工作思路。

（一）摸清中医家底

河南中医学院作为河南唯一的中医高等学府，担负着为河南培养高级中医人才的重任，当时河南的中医界究竟是个什么状况，先生认为要办好中医学院首先得摸清情况。经了解，1966 年前河南有 4 万名中医，河南总人口数量为 4 000 万；现在河南的中医从业者不到 1 万人，较 1966 年前减少了 3/4。按照 2% 的人口自然减员率，一年有将近 200 人不能工作，而河南的总人口数量却由 4 000 万增加到 7 000 多万，1966 年前中医学院每年只招 60 个

学生，1966—1976 年中有 6 年没有招生，中医的发展在河南出现如此倒退的情况也是必然的。河南中医学院目前的办学规模及招生人数，显然跟现实的需要有所脱节。先生奔走呼吁，后经省里批准，学院办学规模由 1 000 人扩大到 2 000 人，每年招生从 160 名增加到 360 名。

（二）关注硬件建设

河南中医学院原校址设在郑州市人民路，和学院附属医院同在一处，共占地 68 亩。当时学生没有活动场地，直接影响学生德、智、体全面发展。1972 年，因河南粮食学院（简称粮院）一度撤销，中医学院搬进粮院校园。1974 年，粮院恢复建制，中医学院又搬进下放到许昌的河南农学院（现河南农业大学）原校址。1976 年后，河南农学院返回郑州原址，中医学院搬迁何处又成了大问题。1980 年，在河南省委的关怀下，经考察选择了郑州市金水大道东段北侧的 200 亩土地，划拨专款 990 万元筹建学院新址。

"流浪"了近二十年，中医学院的家底几乎丢失殆尽，现在即将有自己的"家"了，先生的心情与所有师生一样是激动万分的。作为学院的业务领导，在了解了河南中医的现状后，先生首先想到的是扩大招生，建立健全的教学机制，培养更多、更有用的中医人才。教学首先要有场所，教室、实验室、标本室、图书室、资料室以及实习基地等硬件设施必须齐备。于是，先生这个基建的门外汉，就走访了教育厅有关科室，拜访了基建专业的设计人员，了解学生人数与基建规模的关系及建筑成本。这一走访使先生发现，990 万元的基建经费要建一所符合需求的中医学院是根本不够用的。先生把相关经费情况和河南中医的现状及培养中医人才的需求情况向上级反映后，上级调查后改进了计划，基建费由 990 万元增加为 2 270 万元，建筑面积也增加近 7 万平方米。

经费落实之后，先生对基建的关心依然不减，虽然先生分工负责教学，建筑另有人分管，但强烈的责任心驱使先生经常利用休息时间到新校址察看。果然让他发现问题了，第一个教学楼刚建两层，原定每个教室容纳60个学生，可先生发现新建的教室最多能容纳40个学生，寻问原因，设计师振振有词地说，教室小点有利于提高教学质量。先生认为这可不是个小问题，每

个教室缩小1/3，就意味着要增加1/3的师资。师资的增加就意味着各项费用的增加，再说，现在的师资已不够用，哪儿还能增加师资。先生赶快将此情况向学院主要领导汇报，从三楼以上恢复原建筑设计，及时堵塞了一个大漏洞。

（三）关心教师的生活

一个学校要想培养出合格的学生，教师起着关键作用。怎么才能调动起教师的积极性呢？先生想起了 1950 年刚当上洛宁王范镇商会会长时，当时的税务局马局长转述一位老红军的话：要想把工作搞好，首先要解决员工的思想问题。你要想用一个人，你就要先考虑他有什么困难，把员工的困难解决了，其思想问题也就解决了。干工作单靠个人的力量是不行的，你必须调动起每个人的工作积极性。怎么调动呢？单纯的行政命令是不行的，你必须了解每个人所面临的问题和困难，尤其是生活中的困难。如果解决了他们的后顾之忧，那他们工作的积极性自然就起来了。现在不少教师都面临着两地分居、住房困难、孩子上学、职称评定等一系列问题。理清思路之后，先生即向学院主要领导汇报想法，和学院党政领导班子成员一起着手解决教师的切身利益问题。

1. 两地分居 1966—1976 年，有些教师的家属被清退回农村了；有的教师是后来从下边提拔上来的，其家属的工作单位本来就在原籍；有的就是农村户口，没有工作。先生协助学院主要领导充分贯彻国家解决两地分居的政策，工作对口的就尽可能调到学院，1966—1976 年清理回去的自然按政策调回来，没有工作就按照国家对知识分子的相关政策把家属户口迁到郑州，再设法为他们解决生活问题。

2. 住房困难 中医学院“流浪”了近二十年，教学设施都不齐备，教师住房就更成问题，先生与院领导一起想教师之所想，急教师之所急。新校址建设的顺序就是先建教室和学生宿舍及普通教师住房，最后才建设供教授和校领导使用的 10 号楼，即教授楼。在当时所有有资格分房的领导和教授中，只有先生一个人身兼二职，既是教授又是院领导，他还有一个残疾的女儿，行动不便，按说他是最应该被照顾的，但他却最后一个挑房，住在最高层。他就是这样，处处为别人着想，总是先人后己。

同年　《河南中医学院学报》改版为《河南中医》，先生担任编委会主任。

同年　先生招收了中医硕士研究生刘双根。

1982年，59岁

是年　在长春召开的全国中医理论整理研究会议上，先生当选为副主任委员。

同年　先生承担了河南省重点科研项目“脾胃气虚本质的研究”，该项目获河南省科技成果进步三等奖。

同年　先生参加在衡阳召开的全国中医工作会议，会上他倡议中南五省五所中医学院每年召开一次教学和管理经验交流会。五所学院按年轮流主持，院校赞助，收到了很好的效果。为了大力促进教师钻研教学，提高教学质量，中南五省五所中医学院又联合举办每年一次的中医主科统考活动：五所学院的各门主科统一出题，相互评卷，最后按分数评出名次。河南中医学院几门主科如中医内科、儿科等在统考中都名列前茅。先生还开创性地提出了开展五所院校的毕业生交换实习工作。

同年　先生主持召开了在鸡公山举办的中医学术会议，传达贯彻衡阳全国中医工作会议精神，探讨中医发展问题。

同年　先生担任了卫生部高等医学院校教材编审委员会委员，参加编写全国高等医药院校《中医内科学》（第5版）教材和教学参考书。这次卫生部共在全国范围内聘请了7位教材编审委员会委员，中医专业编写人员5人。这次是高等院校恢复招生后第一次修订中医教材，卫生部比较重视，也很慎重。当年在南京召开了首次编委会，会上讨论制订了教材的编写大纲，具体规定了编写体例及原则。先生承担了中风、鼓胀、黄疸、积聚、痉病等8个病症的编写工作。

同年　先生招收了中医硕士研究生江志刚。

同年　先生的论文《从祖国医学发展的历程展望中医学的未来》在《河南中医》刊出。

第八章

担任河南中医学院院长（1983—1986 年）

1983 年，60 岁

秋初 先生参加了在山西省太原市召开的贯彻落实衡阳会议精神及中医学术会议，全国各中医学院、中医院等都派代表参加了此次会议，以交流学习贯彻衡阳会议精神和进行学术经验交流。

秋末 国家卫生部中医司在成都召开全国中医学术会议，旨在进一步宣传贯彻衡阳会议精神。当时四川的中医工作闻名全国，全国有数百人参加了此次会议。河南有十几位中医界人士参加了这次大会。这次会议以大会讨论发言为主，会期 10 天。会上安排先生第一个发言，发言题目是“中医学的传统模式和发展模式问题”。

先生的发言主要谈了 4 个方面的问题。

1. 中医的模式问题 先生认为中医的模式有两个，一是整体观念；二是在整体观念指导下的辨证观念，即个性化。

2. 中医的仪器问题 中医要按照自身的理论体系来发展，要研制具有中医诊疗特色的仪器。现在的仪器只能单纯地探查出人体器官的病变，比如肝脾大、子宫肌瘤等，至于为何大，肌瘤因何而生则不得而知。现在的仪器只能查出病变，查不出病变的原因，查不出器官之间的关系，对疾病的治疗也造成一定的影响。

3. 中医药剂型的改革 剂型的改革必须在医、药结合下进行，不能单纯地为简单方便而改，要在中医的指导下进行。

4. 正确认识中西医结合 中医的诊断要靠“四诊”，现在西医仪器的检查只能提供参考，就是了解局部病变的位置，统一病名，仪器则能明确地指

明部位病变程度，也有利于治疗期间引药归经，提供治疗效果的具体数据，帮助判断疾病的预后,但是绝对不能作为中医用药辨证的根据,仪器不分阴阳、表里、寒热、虚实，如果中医要把仪器当成自己辨证施治的根据，这个仪器就变成扼杀中医的武器了。

先生的上述发言，赢得了与会代表长时间的热烈掌声。会后不少人到房间找先生交流。当时，《大自然探索》的编辑找到先生约了稿子。

会议结束后，主办方乐山市卫生局请各位专家题词，先生的题词是："古今天府多英才，灵山秀水伴花开，振兴中医群贤集，盼将佛光普四海。"

10 月 27 日　先生被任命为河南中医学院代理院长。

11 月 27 日　先生被任命为河南中医学院院长。

12 月　河南中医学院中医师进修班第二期开学，先生作为院长在开学仪式上讲话，鼓励进修班学生努力学习中医经典著作，扎实中医基本功，在医、教、研的各个岗位上更好地为中医药事业添砖加瓦。

同年　先生招收了中医硕士研究生郭光业。

同年　先生参与合编的《河南名老中医经验集锦》由河南科学技术出版社出版。

同年　先生的论文《保持和发扬中医特色　办好高等中医教育》在《河南中医》刊出；论文《肥胖病治疗点滴》在《山东中医杂志》刊出。

1984 年，61 岁

7 月　先生的儿子李郑生从河南中医学院中医系毕业。为了继承先生学术经验，李郑生在本院工作。在先生的教育督导下，李郑生勤奋学习、工作，2003 年 9 月考上本院在职研究生，2006 年研究生毕业，医术进步较快，在河南中医界颇为知名。

夏末　湖南中医学院的院长夏度衡的 2 个研究生学业结束举行毕业答辩，聘请先生去参加了答辩会。

秋　先生承担的河南省科学技术委员会（简称科委）重点科研项目"脾

胃气虚本质的研究”顺利结项，该项目成果获河南省科技进步三等奖。这个项目为1986年国家“七五”重点科技项目（“慢性萎缩性胃炎脾虚证的临床及实验研究”）打下了基础。

冬　卫生部在昆明召开中医教育工作会议，讨论全国各中医院校如何贯彻衡阳会议精神，突出中医特色，提高教学质量的问题。先生在会上发言，介绍了河南中医学院的教改做法和经验。在先生的带领下，河南中医学院突出中医特色，增加中医课时，把中医课程排在低年级，把西医临床和生理病理学排在高年级，因为先生认为西医学的理念与中医理念不一样，若学生先学习了西医课程容易“先入为主”，就学不好中医了。会议期间，云南中医学院请先生到学校做学术报告。

是年　先生参加了河南省中医学学术会议，以《保持和发扬中医特色，基础在于中医教育》为题撰写了会议论文。

同年　先生任河南省科委科技成果评审委员会委员。

同年　先生招收了中医硕士研究生李建生。

同年　先生的论文《中医学的传统模式和发展模式问题》在《大自然探索》刊出；论文《中医学与长寿之道》在《河南中医》刊出。

1985年，62岁

2月　先生当选为中华全国中医学会第二届理事会常务理事。

是年　先生主持的课题“脾胃气虚本质的研究”获河南省科学技术进步三等奖。

同年　先生任河南省科委科技成果评审委员会委员。

同年　先生任河南省教委高等院校高级职称评审委员会委员。

同年秋　先生作为编委委员，参与合编的《中医内科学》第5版教材出版投入使用，先生编写了肝病、黄疸、积聚、鼓胀、头痛、眩晕、中风、痉证8个病症。此教材至今仍为中医教材的典范，以后的第6版及第7版都是在此基础上修订而成的。

同年　中南5所中医院校的应届毕业生统一进行毕业考试，统一命题，交换评卷。此次统考，河南中医学院在中医内科和儿科专业上均获总分第一名，总体成绩属中上等。这个骄人的成绩，是先生担任业务副院长以来，狠抓教学质量的结果。先生自1981年担任业务副院长、院长后，积极贯彻党的教育方针，下大力气坚持突出中医特色，为了在教学中突出中医特色，先生强调课程安排顺序务必先中医、后西医，强化中医经典著作的学习掌握，加强中医临床实践，以培养中医合格人才，至此算是初见成效。

同年　搁置数年的职称评聘工作又启动了。河南中医学院自建院以来一直没有评过正教授，1976 年后首次评职称，由于学院内外有的领导认为中医都没有正规学历，不能晋升正教授，所以在 1979 年职称评定工作中，河南中医学院没有一个从事中医教学的教师和医生评上正教授；而当年全国其他省份的中医院校都评有正教授。

这一次评职称文件对正教授的要求是讲课 200 节以上，在省级以上报刊发表 2 篇论文，科研著作不作为硬性要求，符合上述条件即可参评。由于河南中医学院从未评过正教授，这一次符合条件的人员就比较多，指标却有限，这给职称评定工作带来了一定的难度。

当年，先生也要参评教授，虽然先生在省级以上报刊已经发表的论文达 16 篇之多，另外还有 2 项省级重点科技奖，学术专著也早已出版，就先生的条件来说，远远超过了教授的评聘要求。教师们公认：中医学院哪怕只有一个名额，也非先生莫属。但先生作为单位的主要领导人，首先想到的是学院工作的顺利开展和全体教职员工的利益。

为了提高教授比例，增加正高级职称名额，先生从本校实际出发，多次向教育厅相关领导汇报，与有关部门协商沟通，为使河南中医学院够条件的申报者都能通过，先生在职称评审会上为本院申报教师据理力争。在先生的不懈努力下，当年中医学院参评的教师大都评审通过。

还有一位外语教师，由于缺乏经验、没有吃透文件精神，制表时漏填了第二外语一项。先生发现后，赶快通知他如实将第二外语（俄语）填上，才使该教师当年顺利评上了教授。

先生对自己不能完全做主的事尽力争取，对自己能做主的更是尽力满足。如当年附属医院的医师、主治医师由学院组织的职称评定小组评定，高级职称才报河南省卫生厅参评。职称评定工作开始后，曾与先生有过矛盾的人们惴惴不安，怕先生公报私仇，在职称评定工作中找茬为难他们。事实上先生宅心仁厚，不但自己不计前嫌为他们投上一票，还苦口婆心地做其他评委的工作，劝他们对照文件标准公正投票，使符合条件的参评者都能顺利晋级。

附属医院有个医生医术挺高，职称评审会上很多人不同意他晋升副主任医师，说此人说话随便，爱与社会上的人“拉扯吃喝”。先生解释道：“这个人对中药十分懂行，治疗水平也得到了病人的认可。有关职称评定的文件规定，受过处分，或有政治问题的不予通过，但这位同志没有这方面的问题，爱与社会上的人一起喝酒等都是生活小节问题。他现在的病人很多，经常到下午 1 点了还不能下班，医生看病关键是看效果，请问目前咱们医院能有几个人到下午 1 点还不能下班的？我觉得大家还是再认真考虑一下，看他是否符合副主任医师的条件。”先生一番话打动了大家，都认为先生所言在理，一致通过了该医生的副主任医师资格。

同年　先生的论文《从临床分析脾虚证的病理演变》在《河南中医》刊出；论文《损阳伤正是<伤寒六经病>的病理基础》在《河南中医》刊出。

同年　先生招收了中医硕士研究生宋跃成。

1986 年，63 岁

是年　先生的论文《谈谈肥胖病的治疗》在《祝您健康》杂志刊出；论文《误服强碱致食管损伤性狭窄 1 例治验》在《中医杂志》刊出；论文《谈<伤寒论>中的脾胃学说思想》在《国医论坛》刊出。

同年　先生任河南省科委科技成果评审委员会委员。

同年　先生任河南省教委高等院校高级职称评审委员会委员。

同年　在广州中医学院 30 年校庆大会暨中医教学现场会上，河南中医学

院的教学质量受到了时任卫生部副部长胡熙明的赞誉,以及兄弟院校的好评。与建校初期相比，河南中医学院学生考上研究生的数量也明显增多，学生的中医基本功扎实，得到了普遍认可。

同年 先生任中南五省合作编写的8门中医教材副主编，为中医教材质量的提高，做出了重要贡献。

同年 先生中标国家科委“七五”国家科技重点公关项目“慢性萎缩性胃炎脾虚证的临床及实验研究”。

同年 先生招收了中医硕士研究生李海松。

同年 先生在河南中医函授大学以“如何学习中医内科学”为题做了主题报告。

同年 先生参加了河南省张子和学术会议，以“张子和的学术思想”为题做了主题报告。

第九章

卸任政职　发挥余热（1987—2008 年）

1987 年，64 岁

11 月　先生患冠心病，突发心肌梗死入院。因犯病时病情较重，医院已下病危通知。西医认为 5 年内面临生命危险，先生结合自己在临床治疗上的体会，为自己开方诊病，用中药调理心阴的同时，以保护心阳为主，重点维持心的阳气不衰。此后先生虽每至冬季病情时有发作，但已大为好转，从未再住过院。

12 月 9 日　河南省人民政府免去了先生的河南中医学院院长职务，先生卸任政职。

冬　先生退休后主要在 3 个方面继续努力：一是继续坐诊治病，尽医生的天职；二是尽量多带学生，传承医术和临床经验；三是尽力做好科研，整理治病救人经验，形成文章和专著。

为方便病人就诊，他不收医院为其规定的高额挂号费；有病人找到家中，同样热情诊治。边看病边给前来学习的徒弟讲解。

下附先生日常诊病医案一则：

有一天，病人小玲到先生家看病。小玲，女，33 岁，产后 2 年，体弱无力、胸闷气短，呼吸急促，面红。

这天也是学员到先生家学习的日子，先生就边为病人切脉看病边为学员讲了起来："给病人看病要望闻问切，抓主要矛盾，根据自己掌握的舌苔、脉象，再结合病人自述症状来综合归纳病因、病机。从舌体不胖大、舌质淡红及苔薄白可以看出，病人吃饭胃口还可以，食欲尚好。脉沉细无力，特别是俩寸脉弱；俩寸脉分别候取不同的脏腑，左手寸脉是候心脏的，右手寸脉是候肺脏的，‘寸沉痰郁水停胸’，她的主要症状是胸闷气短，上不来气，胸阳不振，心脏搏动无力，脉搏才起不来。另外，舌质淡红、脉细为阴虚，无力为气虚。冠心病可分几种不同的证候，有心肾阳虚证、气滞血瘀证、痰湿阻滞证、气阴两虚证。这位病人属于气阴两虚。无力为气虚，脉沉细为阴虚，加上舌质红，都是典型的气阴两虚的表现。病人产后失血，阴更虚，所以脉搏跳得快。现在跳得不快了，因为她胃口好，这就补救了一下，如果胃不好，像老年人病到这种程度可能都卧床不起了。”

小玲：“为什么我脸色看上去红扑扑的，别人都说我很健康。”

先生：“那是因为有心脏病，虚火上炎故面红。当初的妊娠高血压，中药是可以治的，但你错过了最佳治疗时机。你当时要么是没吃中药，要么是吃的中药不对，造成了这个后遗症。现在由于血压过高，致使左心室偏大，虽然不好治，但问题也不太大。现在按气阴两虚治。现在吃饭肚子不胀吧？”

小玲：“不胀。”

先生：“不胀就可以用黄芪了。张飞当不了好医生，当医生不能粗心毛糙。我过去就曾治过一个病人，她虚弱得很，浑身浮肿，路也走不动，一动就头晕，刚开始我就不敢给她用太多黄芪，开始用 30 克，后来看到用了之后没事，就逐渐加量，40 克，50 克。”

先生给小玲开的方子如下：

黄芪 30 克、白干参 10 克（气阴双补，偏于补气）、寸冬 15 克、五味子 10 克（党参、寸冬、五味子叫生脉饮，气阴双补，现在西医打的针，生脉注射液就是这三味药）、生地黄 15 克、山萸肉 15 克、枸杞子 15 克、黄精 15 克（补阴的药这就足够了，她的脉象沉细无力，仅补气还不行，应再加桂枝助心阳）、桂枝 5 克、茯神 15 克、远志 10 克、枣仁 15 克、节菖蒲 10 克（这是安神，增强心脏功能，她有时心慌，这一吃心就不慌了）、龙齿 18 克（也是安神的，下边考虑如何增强她的胸阳，增强心脏功能）、薤白 10 克（有时胸闷上不来气，补气又调气，让她气血通畅，这就叫矛盾的统一，黄芪、白干参补气，加檀香 10 克宽胸利气，这一吃就上来气了）、檀香 10 克（中药讲究矛盾用药，

补泻结合、温清结合，阴中治阳，阳中治阴。如四物汤，当归是补血的，川芎就是活血的，白芍是补阴敛肝的，熟地黄就是温补阳气的，用药的矛盾巧处就在这里了，补中有泄让气血通畅，檀香配着丹参心血通畅了，心脏负担就轻了，心脏功能就增强了，血液循环就好了）、炙甘草6克（炙甘草、桂枝配着黄芪、党参是补气的，生地黄、寸冬、五味子、山萸肉、枸杞子、黄精是补阴的，补气血、安心神、宽胸利气，那怎么会不见效呢）、丹参15克。

15剂，水煎服，日一剂，分三次服下。

学员："宽胸利气的檀香用3克或5克，效果不行吧？量太小了吧？"

先生："太小。前边用那么多黄芪、白干参补着呢，这味药用10克没问题。"

学员："这里可以把白干参换成西洋参吗？"

先生："不行。西洋参偏滋阴补肺，走肺经，以养阴为主，它跟辽沙参性质一样，辽沙参更偏养阴，气阴双补偏于补阴。白干参走肺、心、脾经，所以心脏病人应用人参。人参又分三种或四种，舌质淡用红参，红参经过加工以后热性增大；舌质偏淡用白干参，亦可用党参来代替。还有白糖参，白糖参就是人参用白糖养出来的，是当食品吃的，药效不行。用药首先要知道药物的性味、归经及常用剂量。像她这样的年纪，如果用30克白干参，她就不能吃饭了，会引起胃胀，热、干，晚上睡不着觉。"

在传承带徒中，先生也经常像上则医案一样，把病人的病因病机、诊断依据、药品药性等分析给学生听。这种启发式带徒模式深受学生们的喜爱。

是年 先生赴日本东京参加中医学术交流会议，会期5天。

同年 先生被收入英国剑桥大学国际传记中心出版的《世界科技名人录》、国家科委《河南科技名人录》。

同年 先生参与合编的《中医证候鉴别诊断学》由人民卫生出版社出版。

同年 先生任河南省教委高等院校高级职称评审委员会委员。

同年 先生承担的"七五"国家科技攻关项目"慢性萎缩性胃炎脾虚证的临床及实践研究"荣获河南省科技进步一等奖。

同年　先生招收了中医硕士研究生刘爱华。

同年　先生参加了上海国际中医学术会议，以“脾胃气虚的本质研究”为题做了主题报告。

1988年，65岁

是年　先生当选为第七届全国人大代表。

6月6日　河南中医学院学位评定委员会做了重新调整，先生任副主席，委员有15人。

同年　卫生部在北京西苑饭店召开科技代表会议，先生同十余位代表一起受到了当时国家领导人的接见。

同年　河南中医学院30年校庆，先生题词制匾“杏苑长春”，敬献学校，悬挂于河南中医学院图书馆。

同年　先生参与合编的供全国高等医药院校使用的教学参考《中医内科学》由人民卫生出版社出版。

同年　先生为河南中医学院中药系88级学生做了中医药知识讲座，鼓励学生投身中医药事业，振兴发扬中医药。受先生教诲，中药系毕业生奋发有为，其中有担任河南桐君堂药业董事长等，诸多成为河南中药事业的中坚。

同年　先生招收了中医硕士研究生谢海青。

1989年，66岁

是年　先生获评河南省优秀科技工作者和河南省中医优秀科技工作者，并载入《河南科技名人录》。

同年　先生任河南省卫生厅、中医管理局中医和中药高级职称评审委员会副主任委员。

1990年，67岁

3月　先生作为人大代表至北京参加了第七届全国人民代表大会第三次会议。

是年　先生被国家人事部、卫生部、中医药管理局评为全国首批500名名老中医。

同年　先生受到中共河南省委书记侯宗宾接见，并座谈中医工作。

同年　先生的医案《豁痰透窍理气清热法治愈脏燥》《益气通络、活血化瘀法治愈流注病》《豁痰透窍、育阴清热法治愈狂乱病》《调理肝脾、利湿化瘀法治愈鼓胀病一例》《滋阴润燥、化饮清热法治愈悬饮》《育阴潜阳、平肝熄风法治愈眩晕》《健脾和胃、理气化瘀法治愈胃脘痛》《透窍化瘀、理气活血法治愈外伤头痛》《滋阴清热、润肺平喘法治愈肺痨》《芳香化浊、温中通络法治愈疰夏症》被收入《中国现代名中医医案精华》。

同年　先生获评河南省优秀科技工作者和河南省中医优秀科技工作者，并载入《河南科技名人录》。

1991年，68岁

3月　先生作为人大代表至北京参加了第七届全国人民代表大会第四次会议。

先生参加全国人民代表大会期间，在中医界人大代表座谈会上，对中西医发展比例发表了个人见解，支持要把中医和西医摆在同等重要地位，得到了与会代表的同意和赞扬。

12月　先生主持了由省内多名中医专家学者参加编写的脾胃病专著《中国传统脾胃病学》编审会议。此书由先生主编，编审会议在河南中医学院一附院召开。

是年　先生被国家人力资源部、卫生部、中医药管理局评为全国首批老中医专家、学术经验继承工作指导老师。明确高锡朋、李郑生2位主治医师为其学术继承人。3 年后此 2 人经国家中医药管理局考核出师，李郑生被评为优秀学术继承人，受到表彰，成为名医。先生愿将其医术毫无保留地传于有志于岐黄事业之人。他常言："择师不易，得徒更难。"

先生受李东垣《脾胃论》"内伤脾胃，百病由生……善治病者，唯在调理脾胃"的启发，长期着重对慢性脾胃病展开研究。"慢性萎缩性胃炎脾虚证"这一常见病，乃世界性难题，在国外已有的502份资料中，无一治愈记录。先生迎难而上，申报并完成国家"七五"科技重点攻关项目"慢性萎缩性胃炎脾虚证的临床及实验研究"。他对该病用自制方药"香砂温中汤"和"沙参养胃汤"辨证施治，5年间治疗住院病人300位，经卫生部验收鉴定："有效率达98.7%，治愈率32%，达到国内、外先进水平。"突破了当时世界上"无一例治愈"的记录。此后十多年，先生又通过对千余病例的治疗和随访观察，创造了无一个病例转为胃癌的奇迹；用大量无可置疑的事实，突破了国际医学界认为该病是"癌前病变"和"胃黏膜不可逆转修复"的成见。

同年 先生获评河南省优秀科技工作者和河南省中医优秀科技工作者，并载入《河南科技名人录》。

同年 先生将临证经验撰写成论文《治疗泄泻的体会》，由《河南中医》刊出。

同年 先生的临证经验论文《临证疗治黄疸体会》在《中医函授通讯》刊出。

同年 先生的学术继承人李郑生、高锡朋撰写的《李振华教授四诊经验撷拾》获全国老中医专家学术继承工作优秀论文奖。

1992 年，69 岁

2 月 1 日 《河南质量报》报道了《正气存内　邪不能入——访李振华教授》。

3 月 先生作为人大代表至北京参加了第七届全国人民代表大会第五次

会议。

是年 先生承担的国家科技重点攻关项目“慢性萎缩性胃炎脾虚证的临床及实验研究”成果获得河南省科技进步成果二等奖。

同年 先生的学术继承人李郑生撰写的《李振华治疗心脏室性早搏的方法与经验》、李郑生和高锡朋撰写的《学无止境，知在勤奋——李振华老师的治学方法》获全国名老中医药学术继承工作优秀论文奖。国家中医药管理局继承办、中国中医药学会颁奖，李郑生受河南中医学院委派专程到厦门的会议现场领奖。

1993年，70岁

4月 先生被评为国家有突出贡献的专家，享受国务院政府特殊津贴。

学院共有8位专家被国务院批准享受政府特殊津贴。除先生外，还有尚炽昌、李晏龄、袁海波、娄多峰、石冠卿、吕承全、黎君若。

是年 “李振华从医五十年暨七十华诞庆典”举行，省市领导、各界人士、医界同仁、家属、学生弟子200余人纷纷到会祝贺，大会收到国内中医名家、领导同仁的诸多贺信、题词，河南省中医管理局领导和河南中医学院领导到会并发言，祝贺先生在医学和教育事业上取得的成就。会后，由省摄影家协会会长吴明耀和先生的弟子王海军、李郑生等人整理印制了《李振华从医五十年暨七十华诞纪念册》。该纪念册图文并茂地记述了先生五十年的从医经历和学术经验与临证心得。

同年 先生在河南中医学院召开会议，主持《中国传统脾胃病学》的终审与定稿。

同年 先生的书法作品获“建国45周年全国名人书画大赛”优秀奖。作品内容为“建国四五变沧桑，国强民富屹东方，改革开放宏图展，全民团结奔康庄”。

同年　先生的论文《泄泻的治疗经验》在《河南中医》刊出。

1994年，71岁

是年　河南电视台《河南人》栏目为先生做了专题报道，介绍了先生在中医学上所取得的成绩。

同年　先生的书法作品获得首届全国高校“河南大学杯”华夏师表书画大展银奖。

1995年，72岁

2月24日　《河南日报》刊发了题为《著名中医学专家李振华——做人 救人 育人》的文章。

是年　国家科学技术委员会将先生登记为中国科技名人。

同年　先生的业余爱好是书法，他入选《二十一世纪中国著名书法家》。

同年　先生主编的专著《中国传统脾胃病学》由中原农民出版社出版。先生不仅是河南中医学院的原院长，也是著名的中医脾胃学专家，他学识渊博、术业精深，数十年潜心于脾胃学说和脾胃病的研究治疗，成果丰硕。先生会同全省脾胃病学专家学者，几经春秋，数易其稿，完成了《中国传统脾胃病学》一书并出版。该书融古汇今，是一部系统全面阐述脾胃学术和脾胃病治疗的专著，对脾胃学说的整理和中医学术发展做出了贡献。

1997年，74岁

是年　先生被收入英国剑桥大学国际传记中心出版的《世界科技名人录》和国家科委《河南科技名人录》。

1998年，75岁

1月 先生经过进一步研究和改进药方，对“慢性萎缩性胃炎脾虚证”这一常见病的治愈率又有了大幅度提高，据门诊观察统计，治愈率已达70%以上。通过对脾胃病的长期治疗和研究，先生总结出以下简明的学术思想和治法：

（1）脾本虚证，无实证。胃多实证。

（2）脾虚是气虚，甚则阳虚，脾无阴虚证，而胃有阴虚证。

（3）治脾胃必须紧密联系肝脏。

（4）治脾兼治胃，治胃亦必兼治脾，脾胃病不可单治一方。

（5）脾病多湿，健脾要祛湿，利湿即所以健脾。

（6）重视湿热互结。

（7）胃病胃阴虚证治，用药宜轻灵甘凉。

这些治疗理论和方法，得到了医界同仁广泛赞同和学习借鉴。其医疗和研究成果被《人民日报》《健康报》等多家媒体报道；全国各地的病人纷纷来到郑州找他治病，先生都热情接待精心诊治，治愈者不计其数，得到病人的爱戴和赞誉。

是年 先生的论文《浅谈对脾胃病的认识和治疗》在《河南中医》刊出，相继被31家专业刊物转载，对中医界影响颇大。

1999年，76岁

是年 《河南科技报》刊发了题为《科技之星》的文章，简述了先生在医、教、研上的事业成就。

2000—2001年，77—78岁

先生在诊病带徒之余，寄情书法，书写了毛泽东主席词作《沁园春·雪》、苏轼词作《念奴娇·赤壁怀古》等书法作品。

2003年，80岁

是年 先生八十华诞庆贺会召开，约400人来为其祝寿，除医界同仁和学校领导外，还有政界、军界、社会各行业、学生弟子，先生家乡洛宁县也派专人前来祝寿。为向恩师贺寿，先生的弟子们纷纷撰文，深情怀念恩师的培育：李建生的《问渠哪得清如许，为有源头活水来——恩师李振华教授医教精神的真实写照》，王海军的《中医一代宗师——我的老师李振华先生》，麻仲学的《在随导师李振华教授的日子里》，郭淑云的《我的导师——李振华教授》；高锡朋、李郑生的《李振华教授四诊经验撷拾》等。

先生在会上感慨作诗《八十抒怀》：

幼承庭训学岐黄，勤求博采研效方。
悬壶六旬尽天职，但愿世人寿而康。
传道授业毕精力，喜见桃李芬而芳。
祖国医学普四海，人间处处杏花香。

同年 先生被聘为中华中医药学会终身理事。

同年 “非典”暴发，先生依据自己温病诊疗经验，为中医药防治非典献计献策，撰写了《我对防治“非典”的认识》，在《河南中医》发表。

2004年，81岁

是年 先生承担了国家“十五”科技攻关计划项目——“名老中医学术思想经验传承研究”，课题组成员郭淑云、李郑生、王海军、杨国红、徐江雁等7人为传承人。

同年 先生一直十分关心中医事业的发展，学而不厌，诲人不倦。他陆续撰写和发表了《我国中医学的科学内涵和发展》《中华文化是中医学之本》《但愿世人寿而康——漫谈中医学养生之道》等文章。

同年 先生密切关注“非典”、“禽流感”、甲型H1N1流感等急性传

染病的防治，向有关部门正式提出防治意见和“创建河南省中医传染病医院”的书面建议。

他认为，热性传染病的治疗属于中医的温病学，祖国医学宝库有对付瘟疫的有效手段。故中国古代虽有瘟疫流行，却没有像欧洲黑死病那样高的死亡率。所谓“流脑、乙脑、非典、禽流感、手足口病、甲型H1N1流感”等，均属于温病，“通过中药治疗，必要时配合西药支持疗法，治愈率不仅能成倍高于西药，并且见效快，很少留下后遗症，又经济简便。报载北京、黑龙江、福建、广东等省市用中药治愈‘甲型流感’数百例，治愈率高于西药一倍以上，每位病人药费却没有超过100元。”先生呼吁有关部门及领导对中医学给予重视与大力支持。

同年　先生被河南省中医管理局评为中医知名专家。

同年　河南省中医管理局选定王海军、杨国红、周军丽等5人为其高级职称徒弟，师徒双方签了拜师、收徒协议，经常在先生家里授课，还定时随师门诊。此5人现在皆成为中医名家。

同年　广东省中医院在全国聘请了10位名老中医举行传承授徒仪式，先生收华荣、罗湛宾2名徒弟，给予理论指导并传授技艺。

同年　先生参加国家中医药管理局组织的中医专家制定防治禽流感预案，提出重要建议。

同年　《中国中医药报》刊登了《大医风范，德艺双馨——记李振华教授》的文章。

2005年，82岁

6月　先生以82岁高龄带领从医的子女李郑生等5人和高徒王海军、华荣等一行十余人，自费回家乡洛宁县为群众义诊，受到了家乡群众的热烈欢迎和县政府的高度重视。乡亲们争相奔走相告：李振华回来了！回来给家乡群众看病了！县中医院门诊楼挤满了待诊的病人，先生等都一一接诊。回家乡义诊，先生要把他的医德医风和浓浓的家乡情手把手传给他的子女和徒

弟。

11 月 先生参加了第二届中国中医药发展大会，以《论中医药的发展形势与中医药的科学内涵》为题，撰写了会议论文。

是年 先生被国家中医药管理局遴选为全国百名需要进行学术思想经验传承研究的名老中医之一。

同年 在江苏南通举办首届全国名老中医专家学术经验传承高层论坛会议，先生的弟子李郑生、华荣撰文介绍先生脾胃病思想与经验。后连续举办数年传承论坛，他们写出《名医与高徒》，传承名老中医经验，培养中青年中医骨干。

2006 年，83 岁

3 月 先生的文章《哲眼看中医》在《中国中医药报》刊出。

8 月 课题“名老中医学术思想及临床经验总结和传承方法”“李振华学术思想及临证经验研究”分别荣获河南省中医管理局科技进步一等奖、河南省科技进步二等奖。

11 月 先生被中华中医药学会授予全国首届中医药传承特别贡献奖。颁奖会议在广州隆重举行，先生委派其学术继承人弟子李郑生、王海军等参加会议并领奖。

12 月 首届中医药传承特别贡献奖刊印《百老盛会——岐黄名医耀千秋》画册，刊载先生照片和介绍。

同年 先生承担国家“十五”科技攻关计划项目——“名老中医学术思想经验传承研究”，经过 2 年的传承研究，圆满完成了国家的传承计划。课题组整理出回顾和前瞻性医案 200 份，重点病案 30 份，撰写出先生的学术思想、成才之路、读书心要、辨证思维等研究报告 5 篇，在省级以上报刊先后发表文章 70 余篇。

2007年，84岁

7月 先生的文章《学在于勤，知在于行——医林跬步概述》载入《名老中医之路续编（第一辑）》，由先生的学术继承人与入室弟子李郑生、王海军协助整理，从幼承庭训，步入医林；悬壶六轶，仁人为本；教坛耕耘，培杏成林；躬身岐黄，甘献余热诸方面记载了先生的治学与成才之路和医、教、研事迹。

是年 先生的论文《让中医闪现新的灵光》在《河南中医》刊出。

同年 先生的事迹在河南省政协《河南文史资料》刊出。

同年 先生的弟子王海军、李郑生整理先生撰写的《心领神会，临证实践——李振华教授读书心要》在《河南中医》刊出，记述了先生通读中医四大经典、博览历代名医名著，以及学习方剂、药物诸方面的读书心要。

同年 郑州黄河游览区炎黄二帝塑像落成，先生偕夫人张竹琴女士和徒弟王海军游览黄河，拜谒中华人文始祖炎黄二帝。

2008年，85岁

3月 先生的论文《谈脾胃病的成因及治疗》在《河南中医》上刊出。

6月3日 先生被河南省中医管理局授予河南中医事业终身成就奖荣誉称号。

7月 先生开始在河南中医学院一附院国医堂坐诊。

是年 先生的课题《名老中医学术思想经验及传承研究》，荣获中华中医药学会首届传承特别贡献奖。

同年 先生所承担的国家“十五”科技攻关计划项目——“名老中医学术思想经验传承研究”课题组出版了《中国现代百名中医临床家丛书——李振华》。

同年 先生为其子、学术继承人李郑生题写“文医传家”匾额，作为家训，训导后世。

同年 先生手书《肝硬化合并腹水》医案刊入《名老中医处方墨宝》，由华夏出版社出版。

同年 河南中医学院一附院及二附院确定了李沛、郭会卿、李合国、刘轲、刘向哲、周军丽等6名硕士或硕士以上研究生为其跟师弟子。其中一附院为：李合国、刘轲、刘向哲；二附院为：郭会卿、李沛、周军丽。先生给予认真传授、指导，使他们尽快成长为名医。

同年 河南中医学院举办建校50周年庆典，先生作为河南中医学院的老院长，精心制作红木雕刻镶嵌大型镜匾，题写“花满杏苑”，敬赠学校。

第十章 当选国家首届国医大师（2009—2016 年）

2009 年，86 岁

是年 先生当选为国医大师。

1 月 先生为河南中医学院一附院书写孙思邈《大医精诚》文，经医院制匾悬挂于门诊楼大堂。

2 月 论文《学在于勤 知在于行——医林跬步心要》在《中医药文化》发表。

5 月 先生被国家人力资源和社会保障部、卫生部、国家中医药管理局评为国医大师，享受省部级劳动模范待遇。这是中华人民共和国成立以来第一次在全国范围内进行国家级中医大师评选，全国有 30 位入选，除了北京 10 位，上海、江苏各 3 位，藏医、蒙医各 1 位，其余 25 个省、市、区一共只评出 12 位，平均 2 省不足 1 位。先生是河南省唯一的 1 位。

中共河南省委副书记、副省长、省卫生厅厅长等领导亲自到家中看望先生，并赠送“医林楷模”荣誉称号的牌匾。河南省卫生厅、河南中医学院党政领导为先生召开了表彰大会，河南省批准研究经费 100 万元。

河南中医学院成立了“李振华学术思想研究所”，先生学术继承人李郑生任所长，聘请徐江雁、李真、王海军、郭淑云、华荣、李合国等为专家成员。学校奖给先生 10 万元，先生随即将 10 万元捐助给了学校生活困难的学生。先生说：“国医大师荣誉是党和国家对中医事业的关心和支持，是对全国中医药界的鞭策和鼓励。中医药学博大精深，个人只是沧海一粟。”

9 月 先生被聘为河南中医学院终身教授。

9 月 河南中医学院成立了李振华基金会。

10月1日 《中国中医药报》的“走近国医大师特别报道之二十四”以《脾胃病国手》为题，对先生的先进事迹进行了较长篇幅的报道。

10月25日 由河南省中医药学会主办、河南中医学院一附院承办的“国医大师学术思想和临证经验研讨会”召开，先生和张学文2位国医大师齐聚河南，畅谈中医的继承、实践和创新，为全省近400名中青年中医师、师承人员奉献了一堂中医学术盛宴。

12月12日 2009“感动中原”十大年度人物候选人评出，先生入围，成为19名个人候选人之一。

12月 国家“十五”重点科研项目“李振华学术思想及临证经验研究”获河南省科学技术进步奖二等奖。

同年 先生参加“十一五”国家重点科技支撑研究项目“李振华治疗慢性萎缩性胃炎临床经验应用与评价研究”，获河南省中医管理局优秀项目评选一等奖。

同年 先生参加了“中医中药中国行”河南站宣传活动。

同年 先生为其弟子王氏中医六世医王海军题写“岐黄世家”匾额，勉励弟子传承发扬中医。

2010年，87岁

是年 先生因诊病久坐，2次发生腰部压迫性骨折，卧床半年多，虽然病情时轻时重，他仍然躺在床上忍痛为病人把脉问诊。他的老伴心疼得直掉眼泪，先生却说：“作为一个医生，看病是我的天职，治病见效，是我晚年最大的精神寄托。所以只要我神智不糊涂，忍着病痛，也要给病人诊治。”

1月 《中国中医药报》于1月18日刊登了《李振华用养血温经通络法治寒痹》，作者为郭会卿、李沛。文章系统总结、整理了先生运用养血活血、温经通络方法治疗慢性风湿性关节炎的方法和体会，从病因病机、辨证论治、典型病例上做了深入的分析。

2月 先生弟子郭会卿、李沛于2月11日在《中国中医药报》发表文章

《济世活人　诲人不倦——记国医大师李振华教授》，2 位弟子从亲身的受教经历，感怀享受导师教诲的种种经历，感叹先生精专医术。

6 月　先生建议建立中医传染病防治基地。先生指出，近年来一些病毒性传染病，如非典型性肺炎、甲型流感等起病急、传播快、范围广、死亡率高，严重威胁人民的生命健康。中医药防治有明显的特色与优势，当前需进一步发挥中医药在防治传染病中的作用，建立中医传染病基地为当务之急。先生从中医防治传染病的历史与成绩和建立中医药防治传染病基地的必要性两方面进行论述。建议组建国家级中医传染病防治基地，各省和直辖市可建立中医传染病医院，市县级在中医院内设立传染病病房，充分发挥中医防治传染病的应有作用，护佑人民健康。

7 月　河南中医学院成立"国医大师李振华传承工作室"，它位于河南中医学院第一附属医院国医堂。

工作室成立伊始，先生在家中给学生上课，忍着病痛讲了 2 个多小时。他声如洪钟，循循善诱，阐述为医为人之道，讲述中医理论科学之所在。由于年事已高，豆大的汗珠从先生额头滚落下来，学生们深受感动。讲课结束后先生的腰痛复发，过了很长时间才逐渐康复。

8 月 12 日　电影《精诚大医》在开封举行开机仪式。该电影是以先生为创作原型、集全国国医大师的医德医术于一体而编创的一部旨在弘扬中医文化精华的故事片。8 月 30 日，摄制组到河南中医学院进行实景拍摄，200 余名师生参与了拍摄工作。9 月 9 日，在安阳举行了封镜仪式。

8 月 25 日　《中国中医药报》头版刊登先生关于中医对传染病防治的观点：中医在传染病防治方面的优势没有得到重视，如果中医治疗传染病的作用再得不到有效发挥，这将是医学界的一大损失！中医在治疗传染病方面有现代西医学无法比拟的优势，特别符合现在治疗传染病的需要。

这些优势表现为：中医治未病思想契合传染病防治法则；中医治疗传染病方法灵活，不拘一格，讲究辨证论治，异病同治、同病异治，只要对证就有效果，没有高端设备也能治疗疾病；中医治疗费用低廉，效果有保证；传染病属于中医温病范畴，中医治疗传染病历史悠久。先生呼吁有关部门进一步重视中医的地位和作用，发挥中医“简、便、效、廉”的优势，建立中医药防治传染病专门机构，为中医合理合法开展传染病防治工作提供无障碍运作通道。

12月　河南中医学院举办纪念张仲景诞辰1 860周年书画展，先生欣然挥毫，为书画展题字。

12月　先生在首届国医大师学术思想与临证经验交流会上，以“中华文化是中医学之本”为题做了主题报告。

12月　国家中医药管理局为国医大师下达150万元建立传承工作室。

2011年，88岁

1月10日　先生弟子李郑生、郭文撰写的《李振华的中西医结合观》在《中国中医药报》发表，文章系统总结了先生对中西医结合的看法。先生认为中医学说符合现代科学发展新理论，中西医互通将会产生新医学，中西医结合应具有详细的计划，人才培养是实现中西医结合的重点。

1月　先生的论文《脾胃病的学术思想及治法》在《世界中医药》发表。

3月　第16届国际家庭电影节在好莱坞罗利影城降下帷幕，由河南中医学院、河南影视集团等联合摄制，讲述先生故事的宽银幕电影《精诚大医》，从来自世界26个国家的826部参赛影片中脱颖而出，一举夺得第16届美国洛杉矶国际家庭电影节“最佳启蒙电影奖”和电影节最高荣誉奖——“组委会鼓舞奖”。美国洛杉矶国际家庭电影节是一个在全球具有较大影响力的电影节，该电影节设立的“组委会鼓舞奖”是最高荣誉奖，每四届评选一次，每次只授予一部最有特色、贡献较大的影片。《精诚大医》获此殊荣，彰显了中国中医文化的独特魅力和中国的文化软实力。

6月　先生弟子王海军、李郑生撰写的《中华中医昆仑·李振华卷》，由中国中医药出版社出版。“中华中医昆仑”是一部大型传记丛书，其弘扬中华民族传统文化，是为中华现代百年来贡献卓著、深受敬仰的中医药学家

编撰的传记。《中华中医昆仑·李振华卷》记述了先生的生平事迹、医术专长、学术思想、传承教育、医风医德和突出成就，彰显了中医学家李振华的医学成就与杰出贡献，启迪教育后学。

6月　先生弟子王海军、李郑生、王亮整理撰写的《国医大师李振华成才之路探讨》，在《中医学报》2011年第6期发表。从幼承庭训、步入医林，勤奋好学、虚心求教，妙手回春、情洒人间，教坛耕耘、桃李芬芳，科研探幽、治重脾胃，振兴中医、自强不息等方面探讨了国医大师李振华教授的成才道路。

7月6日　以先生为原型创作的宽银幕电影《精诚大医》在郑州市农业路奥斯卡电影大世界举行了首映式。

10月　先生口述，其弟子郭文、李郑生整理的《走近国医大师李振华》由中国中医药出版社出版。

11月2日　先生的弟子李郑生、郭文撰文《国医大师李振华：中医养生贵在保养元气》在《中国中医药报》刊发。文章记述了先生关于中医养生的论述。先生认为，对于人体的健康与疾病、衰老与长寿，保养元气至关重要。元气来源于先天父母，靠后天水谷精微滋养，以调节和维持人体生、长、壮、老、已的生命全过程。元气盛，人之轻病可不药而愈，重病可配合药物或疗法战胜疾病；如元气衰败，虽有效治疗，亦难免死亡。中医养生学的核心就是保养元气，免生疾病，尽早康复。它属于中医上工治未病的范畴。如何保养元气，先生认为应该从五个方面着手：天人合一，调于四时；情志安宁，气血通畅；动静结合，形神合一；饮食有节，保护脾胃；益肾固精，全真养形。先生认为，中医学养生之道，几千年来积累了丰富的经验和理论，想达到精、气、神充沛，既长寿又健康，难度虽有，但如能做好以上五个方面，是完全能实现的。

11月26日　先生因心脏不适前往河南中医学院第二附属医院住院治疗。住院期间，先生仍坚持为来院求诊的病人诊治疾病。

12月18日　在河南中医学院二附院的五楼会议室举行了先生的弟子郭文拜师仪式。

是年　先生参与合编的书籍《中国百年百名中医临床家丛书·国医大师卷：李振华》由中国中医药出版社出版；《李振华学术思想与临证经验集》由人民卫生出版社出版；《国医大师临床经验实录·国医大师李振华》由中国医药科技出版社出版。

2012年，89岁

1月4日　先生在河南中医学院二附院的会议室为二附院的传承班做了专题讲座。

1月　先生自创的"香砂温中汤"刊登于《光明中医》。

4月　先生弟子王海军、李郑生、王亮整理撰写的《国医大师李振华成才规律研究》，在《中华中医药学刊》第4期发表。从仁善为本、济世活人，法于经典、采撷各家，虚心求教、博学多识，精于临床、务实求真，教学相长、及时总结，献身中医、孜孜不倦诸方面探讨论述国医大师李振华先生的成才之路。

5月　先生主编的书籍《国医大师临床研究·中医脾胃病学》（第2版）由科学出版社出版，为"十二五"国家重点图书规划项目国医大师临床研究丛书之一。该书是国医大师李振华教授及其团队系统论述脾胃病学术理论与脾胃病诊疗的学术专著，重点突出脾胃病诊疗特点和李振华名医大家的诊疗经验、理论系统，重在临证实用，全面反映脾胃病学，用以指导脾胃病临床。

10月　郭淑云、李郑生主编的《国医大师学术经验传承录·李振华学术思想与治验撷要》由人民军医出版社出版发行。本书精选了先生的部分学术思想及临证验案。在学术篇中概要介绍了先生治学理念和治疗脾胃病、外感热病、内伤杂病等学术思想20条。在医案篇中选录了临床常见66种病症的临床医案，这些医案中体现了先生的辨证思路、用药特色与配伍技巧。本书内容精练翔实、理法方药丝丝入扣，具有较高的理论和临床实用价值。

10月　李郑生、郭文、郭淑云主编的《国医大师李振华学术传承集》在中国中医药出版社发行。该书包括李振华学术思想精要、李振华的中西医结合观、国医大师李振华谈养生、发挥中医学治未病优势造福人类、治疗胃痛的经验、诊治慢性萎缩性胃炎的思路与方药等内容，对中医临床工作有较大的学习借鉴价值，对提高辨证论治水平尤有裨益。

10月　卢祥之主编的《国医大师李振华经验良方赏析》由人民军医出版社出版。该书是“国医大师经验良方赏析丛书”中的一本，汇集了先生49种常用的临床经验良方，从解读和赏析的角度精选了先生的部分临证心得并做了阐发和提示，力求能够体现其临床用方特点及辨证思路。该书是对珍贵中医资料整理、研究的结晶，对指导中医临床实践有重要的参考价值。

10月　中华中医药学会老年病分会刊出《留念与展望》纪念画册，在其中《领导与名师关怀》栏目中介绍国医大师李振华，彰示先生为培养中医老年病人才做出的贡献。

10月27日　由河南省卫生厅、河南省中医管理局、河南中医学院联合主办，河南中医学院第一附属医院承办的国医大师李振华教授90寿诞庆典暨从医从教70年学术思想研讨会，在河南省人民会堂举行。会议着重研讨交流了先生的学术思想和研究成果。

10月29日　《河南商报》以《行医70载，国医大师仍在坐诊》为题，对先生进行了报道。中国新闻网、凤凰网、医药卫生网等媒体进行了转载。

11月　先生弟子王海军、李郑生编著的《国医大师李振华医学生涯70年》由中国医药科技出版社出版，在省人民会堂国医大师李振华90寿诞庆典大会首发，赠予与会代表及领导。该书记述了先生从医70年的主要事迹，从医、教、研、参政议政诸方面展现先生光耀的人生。展示了李振华从出身豫西乡村的一个中医世家的普通中医，成长为一代名医国医大师的轨迹。

2013年，90岁

1月　以先生的事迹为主要内容的《大医风采，济世活人》文章在《中医学报》发表，作者王立忠在文中盛赞先生学术思想之鲜明，医术之高超，医德之高尚。“苍龙日暮还行雨，老树春深更着花”，他感慨先生虽已90岁高龄，依然耳聪目明，话声朗朗，思维敏捷，时刻关心着中医事业的发展。他诊病、授徒，甚至在住院期间，仍然坚持诊病、讲课，真乃德艺双馨，苍生大医。

1月　先生弟子王海军、李郑生撰写的《李振华外感热病学术思想及临证经验探讨》，在《中华中医药学刊》2013年第一期刊出。

4月　《老人春秋》杂志对先生进行了专访，并刊登照片于第6期（上半月）封面。专访文章从“师承家训　勤学知行”“博采众长　中西医结合练成治病真功”“在工作中善悟人生”三个方面记述了先生的从医之路、高超的医术、高尚的医德，以及在工作中感悟到的人生道理。

6月　河南《医药卫生报》采访先生，刊载《国医大师带徒记》，介绍先生已年届九旬高龄，仍兢兢业业，为中医药事业鞠躬尽瘁，仍在带徒、授课，诊治病人，授业解惑，用实际行动影响学生，所带徒弟多成为中医名家，是河南中医事业的中坚力量。

6月　先生主编了《中华名老中医学验传承宝库（二）》（简称《宝库》），由中医古籍出版社出版。该书收集了近千名全国各地德高望重的老中医一生的心血结晶，旨在集中展示我国当代名老中医的临证特色、学术经验、技术专长和诊治水平，是对当代中医学术的整理与发掘。《宝库》中选取的名医包括国医大师，卫计委、国家中医药管理局公布的千余位第一、二、三批全国名老中医及部分省级名老中医，其中绝大多数是各专业学科的学术带头人，而且遍及全国各地。《宝库》入选的文章大多由名老中医的学术继承人或得意门人撰写，内容涵盖临床各科疾病的诊治思路、辨证施治经验，以及方药配伍的独特运用，并介绍了这些名老中医的生平或成才之路。

8月　先生弟子王海军、李郑生整理撰写的《李振华脾胃病学术思想及临证经验探讨》，在《中华中医药学刊》2013年第八期刊出。

11月　广东省中医院喜迎八十华诞，先生为其题词，庆贺广东省中医院

建院八十周年：

创院八旬硕果丰，救死扶伤扬美名。

发扬国医人杰出，振兴中华建奇功。

11 月 第八次著名中医药学家学术研讨会及国医名师学术传承优秀论文评选在广州举行，先生弟子王海军、李郑生等整理的先生学术思想论文《国医大师李振华内伤杂病学术思想》，获中华中医药学会优秀论文一等奖。

2014 年，91 岁

2 月 《问道国医大师李振华》由广东省人大常委会副主任雷于蓝、广东省中医院名誉院长吕玉波和先生弟子与《南方日报》记者一行数人专程来豫造访后整理发表。国医大师李振华从以下方面讲述。成才之道：从随父学医用黄芪，到偷师名医治早搏。学术之道：研究脾胃学说，承接重点科研项目；重视心阳，巧治冠心病收佳效；用温病学说遏制流脑、乙脑疫情。传承之道：医源于易，中华文化是中医之本。养生之道：从爱好书法，到适寒温、畅情志、节饮食等方面。先生以亲身亲为，讲述中医之道，传承光大中医药，给世人以启迪。

9 月 河南省人力资源和社会保障厅、河南省卫生和计划生育委员会、河南省中医管理局授予先生的学术继承人——李郑生主任医师“河南省名中医”称号。

是年 先生为无锡善德堂中医馆题写“善德堂”匾额，勉励注重医德，造福人民，中医文化，代代相传。

2015 年，92 岁

7 月 13 日 先生一直关心中医药事业的发展、关心着河南中医学院的建设，闻知学校龙子湖新校区 3 万余平方米的现代化图书馆落成和河南中医药博物馆开馆的喜讯，特意在家人和弟子的陪同下来到学校，向图书馆捐赠自己新近出版的系列学术思想丛书《李振华学术思想与临证经验集》《国医大师经验良方赏析丛书·国医大师李振华经验良方赏析》《国医大师李振华学术传承集》等。郑玉玲院长和在校的校领导在新校区大门口迎接先生，并陪同先生参观了近期开园的河南中药植物园，先生还饶有兴致地参观了仲景文化广场等校园景观。

在图书馆，先生看到阅览室优美的环境、崭新的书架上排放整齐的满架图书，感慨万千，啧啧称赞。在图书馆一楼的河南中医药博物馆，先生参观了医史馆、仲景馆、中药馆和校史馆等，询问了展馆的有关情况，对学校大力推进中医药文化建设、积极筹建文化场馆、传承和弘扬中医药文化以及新校建设取得的成就给予了高度评价。

在图书馆举行了简短的捐赠仪式，仪式由副院长郭德欣主持。郑玉玲院长向先生颁发了捐赠证书，并代表全校师生向先生表示真挚的谢意和真诚的祝福。学校设立了专门区域展出并向全校师生推荐先生的学术著作，校史馆设立国医大师李振华专门展柜，展出先生的书稿、处方手迹和捐赠实物。

2016年，93岁

3月　千年国医摄制团队赴河南对先生进行采访：先生中医之路是一生的坚守，始终坚持门诊，争取看好每一个病人。从洛宁悬壶到治疗流脑、乙脑，从医、教、研到当选国医大师，诊病、授徒，讲一生治病救人；提出传染病的防治对于国家的发展是很重要的问题，要引起足够的重视并加以研究；谈萎缩性胃炎的治疗经验，温中汤治疗重症肌无力经验；中西医是互补的，互相学习，取长补短。

9月8日　在第32个教师节即将到来之际，河南中医药大学有关部门负责人登门看望慰问了先生，感谢先生为学校发展做出的贡献，向他敬献了鲜花和节日的祝福。先生动情地说："看到国家高度重视中医药事业，看到学校面貌日新月异，由衷地感到高兴！希望学校今后更加注重内涵建设，为社会培养更多优秀人才。"

第十一章

一代宗师　光耀千秋（2017 年）

2017 年，94 岁

5 月 23 日　河南中医药大学终身教授、中国共产党优秀党员、首届国医大师、著名中医学家、中医教育家、全国首批老中医学术继承人指导老师、第七届全国人大代表、原河南中医学院院长、主任中医师、享受国务院特殊津贴专家李振华同志，因病医治无效，于 2017 年 5 月 23 日上午 11 时 53 分在郑州逝世，享年 94 岁。

5 月 27 日　上午 9 时 30 分，李振华教授送别仪式在郑州市殡仪馆举行。

李振华教授生前好友、亲属、弟子及社会各界有关人士 500 余人参加了送别仪式。

附录：

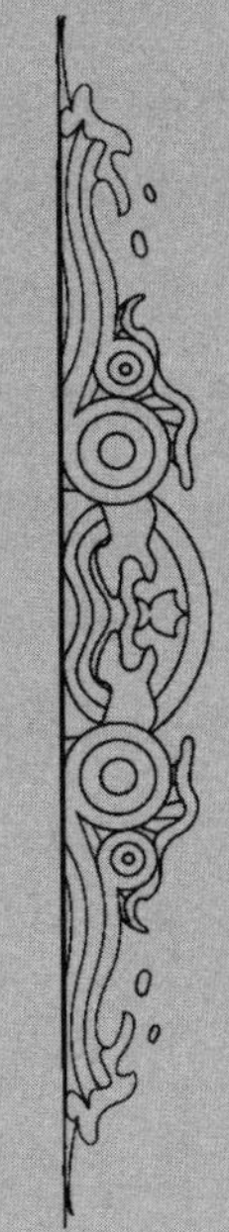

悼念文章

题记：惊闻李振华先生逝世，河南中医药大学一片悲声。学校领导及教职工、先生的学生代表撰写了悼念文章。

河南中医药大学校长许二平撰文如下：

悬壶七旬尽天职　但愿世人寿而康

5月23日，我尊敬的老师和领导、国医大师李振华教授在郑州因病去世，享年94岁。

连日来，我和河南中医药大学全体师生，李振华的海内外学生、亲友和病人心情一样，沉浸在无比悲痛之中。23日上午，我还到李老的病榻前慰问，没有想到就此成为永别。

连日来，我的眼前常常浮现着李振华教授在1982年4月衡阳全国中医工作会议结束后为我们全校师生传达会议精神的场景，台上的他讲得慷慨激昂，台下的我们一个个群情振奋，共同呼唤和迎接中医事业的春天。

连日来，我和大家都在追思李振华教授对中医药事业、中医药高等教育的卓越成就和杰出贡献。传承李振华学术思想，继承他未竟宏愿，振兴中医药事业成为我们的共同心声。我们深深缅怀李振华教授，更知道肩上的责任之大、任务之重。

毕生热爱中医药事业

李振华教授在他70年的工作中，忠诚于党，热爱中医药事业。他数十年如一日，勤奋工作在临床、教学、科研和管理第一线。24岁悬壶乡里，擅治外感热性病和内伤杂病，晚年潜心于脾胃学说的研究和脾胃病治疗，提出脾本虚证无实证、脾虚是气虚阳虚而无阴虚、胃阴虚的脾胃病基本病理，提出了脾虚、肝郁、胃滞的脾胃病病理特点，治疗上提出脾宜健、肝宜疏、胃宜和的治疗方法，自创脾胃病治疗方剂，成为卓有建树的脾胃病大家。河南地区发生流脑、乙脑疫情，他大胆运用中医药，挽救了许多危重病人的生命。2003年“非典”流行，他不顾八旬高龄，依据自己温病诊疗经验，为中医药防治“非典”献计献策。在长期的临床实践中，李振华以精湛的医术治愈了数以万计的疑难杂症病人，以高尚的医德温暖了无数病人的心。1957年被卫

生部评为“西医学习中医甲等模范教师”，1988 年当选第七届全国人大代表，1991 年成为全国首批老中医专家、学术经验继承工作指导老师，1993 年享受国务院政府特殊津贴，2006 年获全国首届中医药传承特别贡献奖，2009 年被评选为全国首届国医大师。

学术造诣深厚

李振华教授不仅医术高超、医德高尚，而且学术造诣深厚，几十年来潜心研究，著书立说。著有《中国传统脾胃病学》《中医对流行性脑脊髓膜炎的治疗》等著作数十部，主持研究的“脾胃气虚本质的研究”“慢性萎缩性胃炎脾虚证的临床及实验研究”“李振华学术思想及临证经验研究”等国家、省级重点科研项目，屡获河南省科技成果进步奖。1987 年、1997 年被收入《世界科技名人录》和国家科委《河南科技名人录》，1989 年、1991 年被评为“河南省优秀科技工作者”“河南省中医优秀科技工作者”。

出色的中医教育家

李振华教授不仅是中医学家，也是出色的中医教育家。他始终把教书育人作为自己义不容辞的职责，无私传授独到的学术经验，积极培育学术继承人。1982年在衡阳会议上，李振华倡议中南五省中医院校每年召开教学和管理经验交流会，开创性地开展了中南五省毕业生统考和毕业生交换实习。我就是1984年第一批中南五省交换实习的中医80级八位同学之一，在湖南中医药大学第一附属医院一年的毕业实习给我的中医人生留下了深刻美好的印记，终身受益。李振华从教50余年，积累了丰富的教学经验，1983年他尽管已经身为一校之长，仍然坚持为本科生上课，为我们年级集中讲授中医内科学，语言生动，深入浅出，学用结合，深受欢迎。他将治学执教的“五字真经”——勤、行、精、博、悟传授给学生，为国家培养出一代又一代的中医人才。如今，李老的学生遍布海内外，桃李满天下，他的治学理念、学术思想也被一代代传承发扬。

李振华教授谦虚谨慎，任劳任怨，淡泊名利，从不计较个人得失。他德

高望重，高风亮节，为中医药事业贡献了自己毕生精力，在中医界享有崇高威望。他廉洁奉公，生活俭朴，宽以待人，关心同志，堪称我们学习的榜样和楷模。

李振华教授在《八十抒怀》中曾写道：“悬壶六旬尽天职，但愿世人寿而康”。这是一代大师的自我写照，也是他的胸怀和愿望。他的逝世是河南中医药大学乃至全省、全国中医界的重大损失，他的逝世使我们痛失了一位好领导、好专家、好老师！我们要化悲痛为力量，永远铭记李振华教授的教诲，认真学习他的好思想、好品德、好作风，勤奋学习，努力工作，为推进中医药事业又好又快发展而努力奋斗，以我们的工作业绩来告慰他的在天之灵！

先生的学生、河南中医药大学副校长李建生撰文如下：

躬身岐黄济苍生　俯育桃李泽杏林

恩师李振华教授永远地离开了我们。他是我最敬爱的导师，他是我一生高山仰止的大师，缅怀恩师，常忆永存。

融汇古今承经典　博学东西重科研

李振华教授一贯坚持学术要有继承，没有继承学术的发展就会失去根基；同时他也强调学术创新，没有创新学科的发展就会失去生命。在我跟诊求学时，李振华教授强调要融汇古今，理论与临床实践并重，才能成为有真才实学的中医；海纳百川，有容则大，他亦经常教导我们一定要掌握现代科学技术，并借鉴和应用新理论、新方法、新技术来进行中医研究，诠释并挖掘中医学的科学性和时代性。李振华教授承担的国家科委、河南省科委重点科技项目，均获得成果，屡受嘉奖。他发表论文数十篇，出版过多部论著，成果卓然。

求真务实承先贤　授业解惑启后学

李振华教授70余年的治学、临床实践中，十分重视对中医经典著作的学习和掌握，提出要做到勤、行、精、博、悟，这是学好中医的基本功。

他常说：“现在的很多病看似复杂，其实只要抓住本质，都能用张仲景的经方去解决。”他提出，诊病的临床疗效主要源于：用心研读中医古典医著，学习金元明清诸家医案医话，从先贤的朱墨中探寻思路，“心有所获”，学而有所顿悟，则临证时就能“变化在我”，为我所用。

授学之道贵在传道解惑，李振华教授带学生之法是执手言教，更为可贵的是，他善于为学生营造一个适于学习成长的环境，加以循循诱导，且常于谈话工作之中，画龙点睛，给学生以启迪。他重视哲学的学习，强调哲学的观点是打开中医学宝库的钥匙，他总是提起恩格斯说过的一句话，“不管科学家采取什么样的态度，他们还是得受哲学的支配。”他还强调，学习中医必须要做到“三通”，即文理通、医理通、哲理通。只有具有较深的文理和哲理功底，才能深入地理解中医理论，指导实践，成为名医。

勤研岐黄精仁术　深悯苍生重医德

李振华教授非常注重中医理论学习，教导我们，练功要熟诵内难伤寒、本草汤头；临床要遍习医案医话，亦读亦验。他常说“医者关系人民生命，诊治不当，轻则致人病痛，重则误人生命”，每每临证，必做到悉心诊断，四诊详参，综合分析，谨守病机，力求理、法、方、药丝丝入扣。他晚年更强调脾胃学说的重要，并用李东垣在其《脾胃论》中所说的“内伤脾胃，百病由生……善治病者，唯在调理脾胃”来指导我们。他十分看重中医理论功底，认为如果没有坚实的理论基础，中医的继承和发展乃至中医临床将是“无源之本”。

李振华教授常言“医乃仁术，而欲得仁术，必先仁心，故凡医门具格之师，皆是大具仁心者。苟非仁心充满，而欲上上之术，比犹缘木而求鱼，了不可得也。”他悬壶济世，慈悲众生，对待病人如亲人，不分贵贱，普天一等。他常教导我们，一个人在成长过程中，要以德为先。他对学生要求甚严，常常教导我们要少说多做，多干实事，淡泊名利，“自满则陋，贪财则卑”，先有为，才有位，宁静方可致远。

严谨治学育桃李　慈爱舔犊泽杏林

李振华教授凡事在“认真”二字中求真知。他常说“功以才成，业由才广”。在备课中根据经文、历代名医有关四大经典的注解，务求理解真正经旨。在课堂讲授之后，他经常征求学生意见，不断改进，要求自己讲每一节课，都要力求概念清楚、层次分明、重点突出、理论联系实际、板书正规、简明扼要，力求提高讲授效果。

李振华教授是名医，是一校之长，虽然事务相当繁忙，但仍非常关心学生的学习进展和生活情况。他积劳成疾，在我入师门一年多后，心脏病发作，在病情极重的情况下，还询问我们的学习、生活情况。他待学生如儿女，舔犊扶幼，至深至真。我庆幸此生能成为老师的学生，而所取得的每一点进步都与李振华教授的教诲是分不开的。春风化雨，灿若星光，作为老师的学生，他的真情和精神使得我总能耐得住寂寞，把冷板凳坐热，不为浮华所动，埋头学习和苦干，在曲折中升华，为中医事业竭尽绵薄之力。

执卷寻师空有愿，亲聆赐教更无期，李振华教授离去，思之欲切，痛之欲绝。天人之学，师授徒承，杏坛桑君，辉光永存。

河南中医药大学教师许敬生教授撰文如下：

高古渊微　儒医巨匠

5 月 23 日，国医大师李振华先生与世长辞，走完了他 94 岁光辉的一生。追怀往事，他的音容笑貌，历历在目。

“掘出运河”与“酿成江海”

李振华善于思考，精于探求深奥的中医理论，在不断地总结自己临证经验过程中，逐步形成自己的一套体系和特色，进而成为国人景仰的中医大师。凡是听过他讲课的人，无不被他那渊博的学识、深邃的思想、缜密的逻辑分析和铿锵有力的生动语言所折服。

近代名医岳美中先生曾说过一句意味深长的话："专一地研讨医学可以掘出运河，而整个文学修养的提高则有助于酿成江海。""掘出运河"与"酿成江海"，其差别在于是否有人文修养，其重要性自不待言。李振华正是凭借他刻苦的钻研精神和深厚的人文修养，不仅"掘出运河"，而且"酿成江海"，成就了大业。

李振华晚年专于脾胃病的研究，在脾胃病的临床实践中，他提出了"脾宜健，肝宜疏，胃宜和"的学术观点。后学称之为"九字诀"，深受同道赞同，对脾胃病的治疗起到了指导作用。他承担的"七五"国家重点科技攻关项目"慢性萎缩性胃炎脾虚证的临床及实验研究"，疗效卓著，打破了国外医学者所谓该病胃黏膜不可能逆转修复的论点。他治疗脾胃的思想观点，似金声玉振，被誉为"脾胃国手"。

"仁人之术"与"仁人之心"

李振华有一句格言："医学乃仁人之术，必先具仁人之心。"这也是他反复教导学生的话。他是这样说的，也是这样做的。他多次下乡为民解疾，早在20世纪50年代，洛阳、三门峡一带农村暴发流脑，他力排众议，采用中医药治疗，先后治愈了近百例流脑病人。20世纪70年代，禹县地区暴发乙型脑炎，他采用"清热解毒，熄风透窍"之法，亲自为病人煎药喂药，在三个多月的时间里，治愈了一百多位病人。在70多年的行医生涯中，他救治过多少病人，有谁能说得清！而他自己即使躺在床上，行动不便，仍然耐心地为病人诊治。2009年被评为国医大师后，政府奖励他10万元，他随即捐赠给河南中医学院用于帮助困难学生。

"真性情"与"大识见"

李振华教授不仅是一位杰出的医学家和教育家，还是一位具有真知灼见、敢于直言的人。为了中医药事业的发展，早在多年前，他曾和广州的邓铁涛教授、北京的路志正教授等当代名医上书中央，建言献策。他在担任全国人大代表期间，曾提出修改《政府工作报告》关于"中西医工作要有计划按比

例地进行发展”的议案。他的发言得到与会的全体中医界人大代表的同意和赞赏，当即就将议案交到大会秘书处。

我同李振华教授相识40余年，他不仅是我敬重的老前辈、老院长，也是我的良师益友。他的一言一行，深深地感染了我，使我受益良多。同他在一起，请教学术，交谈文章，如坐春风，如沐阳光，最终我们成了忘年交。

大师已经驾鹤西去，我撰一联，以表悲痛哀思之心：

桃李失巨匠天下伤心花溅泪，

岐黄去大师中原埋骨土生香。

先生的学生、河南中医药大学国医大师李振华传承工作室王海军撰文如下：

大师仙逝　浩气长存

——悼念我的老师李振华

我敬爱的老师，国医大师李振华教授因病抢救无效，于 2017 年 5 月 23 日上午 11 时 53 分与世长辞。国医大师护佑苍生，福星陨落，天下悲恸。怀着无比悲痛的心情，怀念恩师，历历往事，浮现心头。

在河南中医药大学第一附属医院门诊大厅国医堂入口处，悬挂着一副匾额，“凡大医治病，必当安神定志……如此可为苍生大医”　。这是国医大师李振华老师为之亲笔书写的唐代孙思邈《大医精诚》文。己丑年正月初一刚过，李老师打电话通知我要写书法。正月初四，在李老师南阳路富田丽景花园住处，展开了笔墨。老师戴着花镜，我们仔细核对了《大医精诚》这段文字，李老师说：“备两张纸，若是写不好，再写一张。”当时老师已经85岁，考虑老师的年龄与精神体力，我给老师鼓劲，说：“老师，纸咱们只叠一张，字一次写成。”六尺整张的作品，所选136字的《大医精诚》文，老师一丝不苟，全神贯注，可谓一字千钧，凝于笔下，一气呵成。放下笔，铃好

印，仔细端详着这幅书法，若有所思，只见为医为人、诊治疾病、大医精诚的精神与内容尽现其中；书法文字清晰，遒劲有力，整幅作品，气势磅礴，给人以无限的力量，老师满意地笑了。不久，李振华老师亲笔书写的这篇《大医精诚》文字，就被镌刻制成匾额，作为为医的准则，悬挂在国医堂。这是李振华老师作为首届国医大师、原河南中医学院院长、原河南中医学院附属医院内科主任和医教处主任，对他的学生的勉励和对中医界同仁的希望。老师是多么希望中医人士都像唐代大医孙思邈一样，医术精湛，医德高尚，做全心全意为人民服务的精诚大医——这是老师终生所期求的，也是对医界后人的期望。

做一名苍生大医，这是老师一辈子所追求的，也是他一辈子所践行的。李振华老师从出身于豫西乡村一个中医世家的普通中医，到成为一代名医、国医大师，这绝非偶然。李老师常告诫我们学生弟子："医学乃仁人之术，必先具仁人之心，以仁为本，济世活人，方可学有成就，而达良医。"他是这样说的，也是这样做的。在门诊，他风雨无阻，酷暑寒冬，坚持出诊；在家里，他对病人贫富贵贱、妇孺老幼，来者不拒，一视同仁，即便是卧病在床，也要在床上为病人把脉诊病。记得李老师曾两次抱病带着弟子为昏迷中的剧作家杨兰春会诊；他不顾年老带领子女学生和弟子回家乡洛宁为父老乡亲义诊；在床榻上为传承工作室成员和学生弟子授课；抱病接待一批又一批来家访问的各界人士……他心中只有病人，只有中医事业，全然没有自己。为了中医药事业的繁荣昌盛和传承，他奋不顾身，鞠躬尽瘁。

敬爱的李振华老师走了，是那么的突然，又是那么的安详。国医驾鹤振动苍天雨作泪，大师精神杏林育人润无声。您为中医药的振兴和传承，发扬光大，殚精竭虑，中医药迎来了灿烂的春光，在那繁星满天的夜空里，有一颗闪烁的耀目的星，那是您慈祥的目光。我们知道，您依旧在关爱着您那舍不下的中医药事业，您依旧在关心着您那需要救治的病人百姓。李振华老师，我们会继承您的事业，发扬光大传承中医药，我们不会辜负您的教导和期望，为做一名精诚大医，服务人民而奋斗终身。

老师，您安息吧！

先生首位硕士研究生、美国福特中医大学教师麻仲学撰文如下：

我的导师李振华5月23日驾鹤西去。当我得知这个消息后，泪水一下子就涌满了眼眶。导师从医70多年，精心培养了很多优秀的学生，我是他的第一位硕士研究生。2016年11月，我应邀回国内讲学，其间专程到河南郑州母校看望导师李振华。那时他虽然坐在轮椅上，但满面红光，气色很好。我下午到的，师母张竹琴说直到我快到前，她才敢跟我老师讲，不然老师会从早上一直等着我，影响中午休息。导师见到我，高兴地一定要站起来同我握手。一如既往，导师问了问我的生活、工作情况，就开始教导我如何提高中医水平。年逾90的他，讲起话来铿锵有力，而且记忆力惊人。他说，作为中医人，一定要通晓医学、哲学、文学。医以治病，哲以析理，文以修德。几个小时一晃就过去了。临走时，导师反复叮嘱我，一定多回母校看看，一定要为母校做些事。导师对母校，有着非常深厚的感情。

同老师握手道别，我走到门口，回头一看，导师的眼圈红了。师母同他讲，仲学又不是不来了。那一刻，我心里非常难受，有一种想哭的感动。也万万没有想到，这一次见面，竟成为永诀。

凤凰涅槃，归乎无极。导师西去，福德圆满。浩然技传，德泽六合。遥望母校，师恩再现。老师走好，仲学送躬。一躬谢恩，再躬永念，三躬慰天。

唁电

题记：李振华先生仙逝的消息传出后，河南中医药大学的海内外校友一片哀恸，纷纷致电、致函或至家中吊唁。

广东校友分会发来唁电：

惊闻敬爱的李振华教授仙逝的噩耗，全体广东校友肝肠寸断，痛何如哉！……李振华教授毕生奉献给中医高等教育事业，我们中的许多人都曾得李振华教授亲教，现在更是开枝散叶，使仲景学术在岭南发扬光大！……李振华教授的逝世，使广东数百校友失去了一位恩师和指路人！……全体广东校友一定秉承李振华教授遗志，让中医药事业发扬光大于岭南，以告慰李振华教授在天之灵！

广西校友分会发来唁电：

李老驾鹤仙游，如中医界之璀璨明珠陨落，乃国术医学之大损失，然其皓月之精神长存，吾辈应弘扬李师之正气，秉承李师之遗志，奋发图强，振兴中医药事业，不忘李师之谆谆教诲，以告慰李老在天之亡灵，李老永垂不朽！河南中医药大学校友会广西分会全体校友饮泣拜首！缅怀、悼念！

新疆校友分会发来唁电：

一位精通经典、深研临床、学贯古今而享誉中外的国医大师走了，留给我们一个光辉的背影。一位丹心耿耿、铁骨铮铮而为中医药事业奋斗不息的中医英雄走了，留给我们一个庄严的背影。一位慈悲仁和、重情重义、乐于助人而惠泽大众的中医长者走了，留给我们一个慈祥的背影。他的崇高医德和奉献精神将永远铭记在全体新疆籍校友的心里。

上海校友分会发来唁电：

李教授的离去深深触动了校友们。大家纷纷追忆起当年亲历李老授业解惑，聆听恩师教诲的珍贵瞬间。远在异乡的学子们的心，因为对这位亲切而严谨，质朴而高尚的老人的深切怀念，而紧紧连在一起。

英国校友分会发来唁电：

李振华教授是我们所有河南中医校友的恩师……李老师虽然身在学堂，但心里装着的是整个中医的兴衰！他希望更多的人了解中医，支持中医。他希望所有的学生不仅能够真正地理解和掌握中医知识，治病救人，还要继往开来弘扬中医，光大中医！……李老师曾患心梗，但他却并没有以此而放松自己，为了中医的传承和发展奉献了自己毕生的时间和精力！

我们一定要继承李振华老师的遗愿，振兴中医、发展中医、推广中医，把祖国医学这一瑰宝用我们的意志和努力来彻底擦亮，让它照耀到世界的每一个角落，服务于全人类！

瑞士校友分会发来唁电：

一位饱经沧桑的老人，
一位在教育战线奉献一生的教师，
一位治病救人有求必应的医生，
一位仁爱慈祥的长者，
一位声名远扬的国医巨匠，
离我们而去。
不能忘记
身材高大的您站在三尺讲台凝望学生的亲切睿智的双眼，
不能忘记
您转身之间留在黑板上那启发医理教书育人的清秀刚健的粉笔字，
不能忘记

您长时间端坐一丝不苟看病诊脉的身影，

更不能忘记

您淡定平和的修为和您用自己宽厚的双肩成就了无数中外名医的满腔热忱。

青松垂首，

追思老师音容笑貌；

泪水呜咽，

长忆先生惠德懿行；

师训永记，

继承发扬中医大业；

普济众生，

告慰恩师在天之灵。

美国校友会会长麻仲学在唁电中说：

师恩似海，永铭难忘……老师在世时，反复交代我要为母校的发展尽一份力量。我将引以为志，化悲为力，为母校在海外的发展国际化尽一份职责，以报效导师对我的厚爱和母校的栽培……

凤凰涅槃，归乎无极。导师西去，福德圆满，浩然技传，德泽六合。遥望母校，师恩再现。老师走好，仲学送躬。一躬谢恩，二躬永念，三躬慰天。

国医大师张磊亲往吊唁：

首届国医大师李振华教授的谢世，是河南中医药大学所有学子之痛，是河南中医药界之殇，河南省卫生厅原副厅长、河南中医药大学第三附属医院主任医师、国医大师张磊教授亲往哀悼，手书：

惊闻噩耗泪双垂，师去蓬莱永不归。

一代医星悲陨落，长留业绩放光辉。

李振华教授的一生，都奉献给了中医药事业。他精湛的医术，惠泽天下

苍生；他高洁的品质，影响和塑造了一代又一代杏林学子。全体河南中医药大学的校友，将秉承李教授的遗志，在漫漫中医路上不畏艰难，不懈求索，万众一心，为中医药事业奋斗终身！

碑文

国医大师李振华

李先生振华（1924—2017），汉族，河南省洛宁县人。原河南中医学院院长、终身教授、主任中医师，首批全国名老中医之一，享受国务院特殊津贴者，第七届全国人大代表，2009年被评为全国首届国医大师。曾兼任中华中医药学会常务理事、《河南中医》杂志主编等多种学术职务。从事中医医疗、教学和科研工作70余载，临床经验丰富，学术造诣精湛，擅治急性热性病、脾胃病及疑难杂症。硕果累累，桃李满天，德艺双馨。电影《精诚大医》即以其为原型拍摄而成。

先生出身中医世家，年少即随父李景唐习医，闻着药香长大，伴着捣药声读书，而尽得其传。被当地誉为“名门高徒”“父子良医”。深受广大患者赞扬。后上调省城河南中医学院执教行医，岐黄之路，成就卓然。其渊博之学识，深邃之思想，缜密之逻辑分析和铿锵有力之语言，无不让人折服。他勤求博采，善于继承，敢于创新，理法方药，丝丝入扣，常效如桴鼓。他将一生之经验总结为“勤、行、博、精、悟”五字，传授给弟子。对众多后学者影响至大。

先生晚年，专心于脾胃病的治疗和专题研究，提出了“脾宜健，肝宜疏，胃宜和”九字治法要诀，且疗效甚佳。先生为振兴中医事业，无私无畏，鞠躬尽瘁。于2017年5月23日11时53分溘然病逝，享年94岁。噩耗传来，天下伤心，万民垂泪，深深缅怀先生之仁心大德。乃赞曰：

李君振华，河洛英贤。幼承庭训，苦学克难。
束发侍诊，弱冠独担。父子名医，悬壶乡间。
神清骨俊，青囊书卷。博古贯今，精思明辨。
传道授业，无私奉献。仁心为本，济世德全。
脾胃国手，更擅外感。大师风骨，百姓点赞。

国之瑰宝，民族垂范。芝兰香消，梁木折断。
乘鸾西去，怆怀苍天。桃李不语，馨香幽远。
嵩山垂首，黄河哀叹。大师归止，安息九泉。

（许敬生撰文）

后记

李振华先生是国家首批国医大师，也是河南省首位国医大师。先生一生从医70余载，执教50余年，既是一方名医，也是中医药教育的大家。先生一生医、教、研硕果累累，执教带徒更是桃李满天下。先生曾是河南中医学院的老校长，作为学校的员工，我们早有对先生生平进行研究的意愿。

对李振华先生年谱的研究起源于2015年，我们先后多次到先生家中进行访谈，其后根据先生口述的录音初步形成了年谱的初稿。又通过河南中医药大学档案馆、图书馆、期刊社、校史、校报、网络数据平台等对初稿内容进行了时间校对和内容完善。其后，再请先生的学术继承人、高徒李郑生老师和王海军老师加以斧正。几经春秋，终于成稿。在此对始终关心激励我们进行研究的省教育厅高培华处长表示感谢！对曾给予我们悉心帮助的李郑生老师、王海军老师表示感谢！对所有编委成员的辛苦付出表示感谢！

转眼之间，李振华先生已逝世三载。愿以此书，再度追忆先生！